Zirkulier-Exemplar Nr. 8! Potsdam
4.1.2025

Liebe Leser*innen,

bitte gebt dieses Buch nach dem Lesen gern weiter in andere interessierte Hände oder öffentliche Räume, vielen Dank dafür!

Wer mag, kann sich hinten mit Ort & Datum verewigen*...

Bestes Lesevergnügen

Torsten Nieuwenhuizen

— natürlich oekom! —

Mit diesem Buch halten Sie ein echtes Stück Nachhaltigkeit in den Händen. Durch Ihren Kauf unterstützen Sie eine Produktion mit hohen ökologischen Ansprüchen:

- mineralölfreie Druckfarben
- Verzicht auf Plastikfolie
- Kompensation aller CO_2-Emissionen
- kurze Transportwege – in Deutschland gedruckt

Weitere Informationen unter www.natürlich-oekom.de und #natürlichoekom

natürlich oekom
nachhaltig seit 1989

---

* Bin gespannt, welche Wege dieses Buch über die Zeit nimmt...

Bibliografische Information der Deutschen Nationalbibliothek:
Die Deutsche Nationalbibliothek verzeichnet diese Publikation
in der Deutschen Nationalbibliografie; detaillierte bibliografische
Daten sind im Internet über www.dnb.de abrufbar.

© 2022 oekom verlag, München
oekom – Gesellschaft für ökologische Kommunikation mbH
Waltherstraße 29, 80337 München

»Anekdote zur Senkung der Arbeitsmoral« von Heinrich Böll von 1963 ist
hier abgedruckt dank Genehmigung des Verlags Kiepenheuer & Witsch.
Quelle: Heinrich Böll. Werke. Kölner Ausgabe. Bd. 12. 1959–1963.
Herausgegeben von Robert C. Conrad © 2008, Verlag Kiepenheuer &
Witsch GmbH & Co. KG, Köln.

Last Song (Clogs featuring Matt Berninger)
Words and Music by Padma Newsome © 2010 Padma Music (ASCAP).
All Rights Administered by BMG Rights Management (US) LLC. All Rights
Reserved. Used by Permission of Hal Leonard Europe Limited.

Layout, Satz und Korrektur: Thorsten Nieuwenhuizen
Umschlaggestaltung: Mirjam Höschl, oekom verlag
Umschlagillustrationen/Icons: © M.Style/Adobe Stock
Druck: CPI books GmbH, Leck

Alle Rechte vorbehalten
ISBN 978-3-96238-235-3

Vom EGO zum ECO

Vom Fußabdruck zum Herzabdruck

Thorsten Nieuwenhuizen

Wenn Du es eilig hast, gehe langsam.

Wenn Du es noch eiliger hast, mach einen Umweg.

Japanische Weisheit

Intro 11

1
Welt
Globale Verwicklungen 15

Wachstum
Nach uns die Sintflut, aber auch neben uns und in uns 17

Grenzen
Ökologisch und gesellschaftlich 20

Transformation
Nachhaltig und gerecht 24

Zwischenfazit
Stoppen oder gestoppt werden 30

2
Wir
Soziale Verstrickungen 35

Wachstum
Am Du zum Ich und zum Wir werden 36

Grenzen
Einander fremd werden 40

Transformation
In Resonanz sein 46

Zwischenfazit
Gestalten oder gestaltet werden 52

3
Ich
Persönliche Entwicklungen 55

Wachstum
Der Lauf des Lebens 57

Grenzen
Die Enden des Strebens 64

Transformation
Der Sinn des Lebens 71

Zwischenfazit
Leben oder gelebt werden 78

4
Theorie Zukunft
Von der Selbstentfremdung zur Weltresonanz 81

Gestern
Gewinnen und verlieren 82

Heute
Entlernen und imaginieren 89

Morgen
Entfalten und ausprobieren 101

Fazit
Vom Haben zum Sein 110

Outro 117

Intro

*If
this was our last song
what would we do then?
... this was our last song
what would we say then?*

*If
this was our last time
what would we do,
what would we say then?*

Clogs featuring Matt Berninger (*Last Song*, 2010)[1]

Diesen *Last Song* wünsche ich mir zu meiner Beerdigung. Der einzigartige Bariton Matt Berningers berührt mich zutiefst. Wenn dies unsere letzte Gelegenheit wäre, was würden wir dann tun? Der *Last Song* ist für mich die eindringlichste Einladung, in diesem ach so begrenzten Leben unser ureigenes, gemeinschaftliches Potenzial voll zu entfalten. Jeden Tag zu einem guten zu machen. Das Leben wahrhaft menschlich zu gestalten. Alles dreht sich dabei um nur drei Dinge: Bedürfnisse, Bedürfnisse, Bedürfnisse.

Welt-Bedürfnisse, Wir-Bedürfnisse, Ich-Bedürfnisse

Welt-Bedürfnisse, Wir-Bedürfnisse, Ich-Bedürfnisse. In diesem Buch werden wir die globalen, sozialen und individuellen Bedürfnisse zunächst einzeln betrachten und anschließend zu einem kohärenten Gesamtkunstwerk des Lebens zusammenfügen. Wir werden sehen, was der Donut von Kate Raworth, die Menschenbilder X und Y von Douglas McGregor, die Entfremdung von Karl Marx, die Resonanz von Hartmut Rosa sowie die Theorie U von Otto Scharmer beizutragen vermögen. Und schließlich, welchen Einfluss unser Wissen um das Ende des Lebens auf seinen Verlauf haben mag.

Die für unsere Entdeckungsreise elementare Bedürfnispyramide von Abraham Maslow ist eine der meistzitierten Grundlagenerkenntnisse. Man findet sie in Schul-, Studien- und Sachbüchern auf der ganzen Welt, die vier Stufen der Defizitbedürfnisse und als Krönung das fünfte Bedürfnis, das einzige, welches dem Menschen Wachstum verspricht, anstatt nur einen Mangel zu beseitigen: die Selbstverwirklichung. Allerdings gehen wir damit einer doppelten Fake-Bildung auf den Leim. Denn zum ersten hat Abraham Maslow niemals eine Bedürfnispyramide gezeichnet, sondern widerspricht eine solch statische Darstellungsweise seiner dynamisch angelegten Theorie.

Maslows Bedürfnispyramide entpuppt sich als Fake-Science[2]

Und zum zweiten war für den späten Maslow Selbstverwirklichung gar nicht mehr das höchste Bedürfnis. Das ultimative menschliche

Bedürfnis war für ihn vielmehr Selbsttranszendenz! Dem Menschen geht es demnach tief im Grunde seines Herzens darum, seine Selbstbeschränkungen und die eigene Selbstbezogenheit zu überwinden. Wie kam es dazu? Springen wir zurück in das Jahr 1967. Professor Abraham Maslow, der vielbeschäftigte und mit dem Credo der Selbstverwirklichung berühmt gewordene Mitbegründer der Humanistischen Psychologie, erleidet einen Herzinfarkt. Doch glücklicherweise überlebt er diesen und kann das Krankenhaus bald wieder verlassen. Die Zeit danach empfindet er als ein Geschenk, als ein zweites Leben. Zugleich ahnt er, dass diese Zugabe auch recht beschränkt ausfallen könnte. Ihm wird bewusst, dass ihm wohl nicht mehr so viel Zeit bleibt, um das zu tun, was ihm wirklich, wirklich wichtig ist. Also lässt er sich von seinen beruflichen Verpflichtungen in Harvard entbinden, um sich fortan ganz seiner größten Leidenschaft, dem Schreiben widmen zu können und gesteht einem Freund: *"I want to make a last song, sweet and exultant."*

1969, im Jahr der Mondlandung, veröffentlicht Abraham Maslow zwei bemerkenswerte Artikel über das menschliche Bedürfnis nach Selbsttranszendenz, welches über die reine Selbstverwirklichung hinausgeht. Anhand dieser Bewusstseinsreifung entwirft er ein neues Menschen- und Weltbild, die Theorie Z. Dahinter verbirgt sich das Fundament für eine Gesellschaft der Zukunft, die er nun zu skizzieren versucht. So auch am Montag, den 8. Juni 1970. Stunden verbringt der 62-jährige an seinem Schreibtisch, bevor er schließlich eine Pause einlegt und sich umzieht, um neben dem Pool in seinem Garten ein wenig Sport zu treiben. Wie es ihm die Ärzte empfohlen haben, beginnt er zunächst langsam auf der Stelle zu traben. Dabei kommt er ins Schwanken. *"Ab, was ist los?"* ruft seine Frau Bertha ihm zu. Doch sie bekommt keine Antwort. Abraham stürzt zu Boden. Bertha eilt hinzu. Dieser Herzinfarkt ist tödlich. Maslows Opus Magnum rund um die Selbsttranszendenz und die Zukunftsfähigkeit des Menschen bleibt unvollendet, das geplante Album bis auf die beiden Singleauskopplungen unveröffentlicht. Abraham Maslows *Last Song* bleibt die Theorie Z. Z wie Zukunft.

Wenn dies unsere letzte Gelegenheit wäre, was würden wir dann tun? Welchem *Last Song* würden wir uns widmen? Womöglich würden auch wir versuchen, die *Chiffren der Transzendenz* zu entziffern.[3] Würden erkennen, was für uns persönlich vor dem Ende unseres Lebensliedes noch wichtig ist und vielleicht auch jenseits davon. Womöglich würden auch wir auf unsere bisherige Arbeitsstelle, auf die Ökonomie und deren Ökologie pfeifen. Würden uns stattdessen vertrauensvoll den beruhigenden Klängen der Ökosophie, der tröstenden Weisheit der Natur hingeben. Aufmerksam würden wir lauschen, was sie uns zu sagen hat. Und schließlich würden wir antworten. Würden sagen, was wir noch zu sagen haben.

Wie bitte? – Tja, was das heißt und wie ich darauf komme, das wird sich im Laufe dieses Buches zeigen. Wenn Sie von der schnellen, effizienten Sorte sind: schauen Sie bitte gern kurz im Fazit nach, aber kaufen Sie es auf keinen Fall. Denn meine Beweisführung bis zum *q.e.d.* (*quod erat demonstrandum, was zu zeigen war*) ist latent umweggefährdet, wie mein Mathematiklehrer anzumerken pflegte. Sie erstreckt sich über vier Kapitel: Welt. Wir. Ich. – Theorie Zukunft.

Und eigentlich ist auch schon alles gesagt. Der Tod ist die Differenz, die das Leben lebenswert macht. Es herrscht *unbedingte Anwesenheitspflicht im eigenen Leben.*[4] Unser Lebendigkeits- und Entfaltungsraum ergibt sich aus unserer Vergangenheitsprägung ebenso wie aus unserer endlichen Zukunftserwartung. Denn:

Wenn Du weißt, woher Du kommst, kannst Du gehen, wohin Du willst.

+ *Wenn Du weißt, wohin Du gehst, kannst Du kommen, von wo Du willst.*

=> *Wenn Du weißt, wer Du bist, kannst Du sein, wo Du willst.*

Du hast immer die Wahl. Das Leben ist ein Meer voller Möglichkeiten. Nur schwimmen musst Du selbst. Unser alltägliches Zusammenspiel im Menschenschwarm basiert auf der Resonanz. Wir entfalten uns in choreografierter Improvisation.[5] Vergangenheitsmusik. Gegenwartsmusik. Zukunftsmusik.[6] Ein polyphones Schwimmbecken voller Potenzialtöne. Herzlich willkommen zum Soundcheck Zukunft!

1
Welt
Globale Verwicklungen

1979. Zevenhoven, das Dorf der ursprünglich sieben Höfe. In Holland. Auf dem Bauernhof meines Onkels machen wir unseren Familienurlaub. Des Abends werden wir Kinder auf die Weide geschickt, um die Schafe mit ihren Lämmern zu zählen, ob auch keines in einen der Gräben gefallen ist, die hier eine Weide von der anderen trennen. Danach heißt es *„ab ins Bett"* und kurz später *„absolute Ruhe jetzt!"* So bleibt nur der Blick durch die Dachluke. Unendlich viele Sterne funkeln da, zu viele, um sie zu zählen. Ich zähle lieber die vorbeiziehenden Flugzeuge, die der nahe Flughafen Schiphol anlockt. Und weiß in diesem Moment ganz genau, was ich werden will, wenn ich einmal groß bin: Pilot.

1989. Gymnasium Lohne. Mein Freund Dieter hat schlechte Nachrichten für mich: um für eine Pilotenausbildung bei der Lufthansa in Frage zu kommen, braucht man tadellose Augen. Bebrillt klappt das also nicht. Gerade volljährig geworden steht mir zum Trost immerhin der erste Flug meines Lebens bevor. Mit Achim und über Umwege: erst mit dem Bus über die Transitstrecke nach West-Berlin, dann über den Checkpoint Charlie nach Ost-Berlin, zum Billigflieger vor der Wende: Interflug aus der DDR. Einchecken, Sicherheitskontrolle, Gangway. Auf unseren Flugtickets steht *Valletta, Malta*. Und ab auf die Startbahn. Warten. Startfreigabe. Ein heftiger Schub. Alles dröhnt und vibriert. Dann heben wir ab. Über den Wolken ist die Freiheit einfach nur grenzenlos.

1998. Südafrika, zu Besuch bei Anja aus meinem Abi-Jahrgang, die inzwischen in Cape Town wohnt. Kap der guten Hoffnung. Pinguine am Boulders Beach. Wale an der Garden Route.

2007. New York, Urlaub mit meinen Eltern. Empire State Building. Ground Zero. Statue of Liberty. Ein Gospelchor in Brooklyn.

2018. Südafrika, zurück auf der Garden Route, dieses Mal mit meinem Freund Matze. Safari. Strand. Straußenfarmen. Nahe Kapstadt landen wir schließlich in Simonstown. Eine schöne Gelegenheit, um Simon, einem Freund und Ex-Kollegen aus Den Haag, liebe Grüße per E-Mail zu bestellen, mit dem Betreff *to Simon from Simonstown ;-)*. Am Dienstag, den 18. Dezember, mailt Simon mir herzliche Grüße zurück, mit seinen besten Wünschen für Weihnachten und den Jahreswechsel im Süden. Und mit einem Post Scriptum: *P.S.: Wenn ich ehrlich bin, muss ich gestehen, dass ich so meine Schwierigkeiten habe mit den interkontinentalen Urlauben meiner Freunde (Du bist also keineswegs der Einzige). Du kennst das Konzept vom 'ökologischen Fußabdruck' ... Wenn wir selbst kein gutes Vorbild sind, was können wir dann von anderen erwarten?* Mir wird ganz anders. Kipp-Punkt Flugscham.

2020. Unsere weite und ach so liberale Welt wird mit einem Mal so beengt und eingeschränkt, wie sich das keiner von uns hätte vorstellen können. Die Corona-Pandemie führt zu einem *Lockdown*. Mehr als 90 Prozent aller Flugzeuge bleiben daher am Boden. Die Qualität der Luft verbessert sich merklich. Nicht nur in Deutschland, sondern weltweit. So auch in Nepal, wo man von Kathmandu aus erstmals seit langem in der Ferne wieder den Himalaya erkennen kann, so klar ist die Luft und die Sicht geworden durch das abrupte Herunterfahren menschlicher Aktivitäten.

Zeit zum Nachdenken. Was sind die fünf wichtigsten Herausforderungen, vor denen wir als Menschheit stehen? Keine leichte Frage. Was meinen Sie? Meine Antworten vor dem Schreiben dieses Buches lauteten: Klimawandel, Umweltzerstörung, Ökonomie, Frieden und Menschenrechte. Die zwei Erstgenannten offenbaren uns, was wir Menschen der Erde antun. Die zwei Letztgenannten stehen dafür, was wir Menschen einander schuldig sind. Das wohl entscheidende Bindeglied zwischen dem Wohlergehen der Erde auf der einen und der Menschheit auf der anderen Seite ist die Ökonomie. Wird es uns gelingen, eine nachhaltige Form des Wirtschaftens zu finden, die das Natur- und Gemeinwohl gleichermaßen fördert? Bisher haben wir es lediglich mit Wachstum versucht. Doch wenn Wachstum immer offensichtlicher an natürliche Grenzen stößt, ist ein Musterwechsel unumgänglich. Das Grundschema in diesem Buch lautet demnach: Wachstum – Grenzen – Transformation.

Wachstum
Nach uns die Sintflut, aber auch neben uns und in uns

Die Wissenschaft der Ökologie erforscht als Lehre (*logos*) vom Haushalt (*oikos*) die Beziehungen der Lebewesen untereinander und zu ihrer unbelebten Umwelt. Diesen Haushalt wirbelt ausgerechnet der einsichtsfähige unter den Menschenaffen gehörig und stetig durcheinander. 1972 haben Dana und Dennis Meadows im ersten Bericht an den Club of Rome dem homo sapiens die ökologischen *Grenzen des Wachstums* aufgezeigt.[7] Ihre späteren Updates bestätigen, wie sehr wir Menschen jenseits der Grenzen der Erdressourcen leben: seit einem halben Jahrhundert bereits auf Kosten der Zukunft. Mit Karl Marx: „*Nach mir die Sintflut ist der Wahlruf jedes Kapitalisten und jeder Kapitalistennation.*"

Alljährliche Erdüberlastung

Der Erdüberlastungstag (*Earth Overshoot Day*) gibt an, wann wir die Ressourcen, die in einem Jahr nachwachsen, die Biokapazität der Erde, erschöpft haben. Dieser Tag sollte natürlicherweise nicht vor Ablauf des Jahres liegen, damit mindestens so viel nachwachsen kann, wie wir verbrauchen. Dieses Prinzip der Nachhaltigkeit stammt aus der Forstwirtschaft: nicht mehr Bäume zu fällen, als in gleicher Zeit nachwachsen können.[8] Leider sieht die Realität anders aus, wie wir wissen. Seit 1970 haben wir weltweit gesehen alljährlich stets mehr Ressourcen verbraucht als nachwachsen. Unser ökologischer Fußabdruck und damit das Biokapazitätsdefizit wächst und wächst. Seit 1973 lag der Erdüberlastungstag im November. Seit 1986 im Oktober. Seit 1997 im September. Seit 2005 im August. 2019 und 2021 am 29. Juli. Aktuell nehmen wir Menschen etwa 1 ¾ Erden in Anspruch, also das 1,75-fache der regenerierbaren Biojahreskapazität.[9]

Unsere Externalisierungsgesellschaft

Die vorhandene Biokapazität und der jeweilige Verbrauch sind weltweit sehr unterschiedlich verteilt. Mit Brasilien und China verfügen zwei Länder zusammengenommen über etwa ein Viertel der weltweiten Biokapazität. Obwohl wir Europäer über lediglich zehn Prozent davon verfügen, nehmen wir, nur etwa sieben Prozent der Weltbevölkerung, fast 20 Prozent der weltweiten natürlichen Ressourcen in Anspruch. In Deutschland, in Österreich und in der Schweiz liegen die nationalen Überlastungstage entsprechend im April oder Mai. Das heißt: befänden sich alle Menschen auf der Welt auf dem hohen Niveau des europäischen Umweltverbrauchs, wären zur menschlichen Bedürfnisbefriedigung mehr als drei Erden nötig.[10]

Dabei ist der Umweltverbrauch bei uns im Verlauf der letzten vier Jahrzehnte sogar gesunken, während er in China weiter rasant ansteigt. Schaut man genauer hin, zeigt sich, dass ein Großteil der Biokapazität in Ostasien bei der industriellen Produktion von jenen Konsumgütern verbraucht wird, welche für den Export bestimmt sind. Wir Europäer nehmen also nicht nur viel mehr in Anspruch, als uns zusteht, sondern auch wesentlich mehr, als unsere nationalen Überlastungstage aussagen. Aus den Augen = aus dem Sinn, so funktioniert der Wirtschaftsimperialismus westlicher Gesellschaften. Die negativen Effekte des Wachstums externalisieren wir zu Lasten anderer Länder, allgemeiner Naturgüter und zukünftiger Generationen.[11] Die Externalitäten von hier und heute sind die Realitäten von dort und morgen.[12] Wir leben in einer Kultur grob fahrlässiger Verantwortungsverweigerung, frei nach dem Motto: *nach uns und neben uns die Sintflut!*[13]

Alltägliche Menschüberlastung: der wahre Preis, den wir (nicht) zahlen

Wir externalisieren den Raubbau nicht nur auf zukünftige Generationen, andere Länder und Gruppen, schieben die Konsequenzen und Kostenübernahme also auf die Zukunft und die Zulieferer, sondern wir internalisieren den Raubbau zudem in nicht unerheblichem

Ausmaß auch zu Lasten unserer eigenen Gesundheit. Laut der Europäischen Umweltagentur EEA *(European Environment Agency)* sind bereits dreizehn Prozent aller Todesfälle in Europa durch die niedrige Umweltqualität, sprich die menschengemachte Umweltverschmutzung wie beispielsweise die Feinstaubbelastung bedingt. In Ostasien stirbt mittlerweile sogar beinahe jeder dritte Mensch an den Folgen der Verbrennung fossiler Energieträger wie Kohle und Öl.[14] Vollständiger Weise sollte es dann wohl heißen: *Nach uns, neben uns und auch in uns die Sintflut!*

Wir Wohlstandsbürger stehen unter dem Verdacht des dreifachen Mordversuchs: an unseren Nachfahren, an unseren zeitgenössischen Nachbarn und auch an uns selbst. Unser Mordmotiv? Der Wirtschaftswachstumswahnsinn einer ökozidalen Ökonomie.[15] Unsere Tatwaffe? Der Konsum, das Abziehbild unserer homozidalen Egomanie. Sie kennen vielleicht die Forderung nach dem wahren Preis. Wenn wir im Laden, im Internet, im Dienstleistungsgewerbe etwas erwerben, dann bezahlen wir einen ökonomischen Preis. Da kommt dann zunächst der ökologische Preis obendrauf für die Kompensation der Umweltschäden, für den Schutz des Lebens, das nach uns kommt.[16] Hier und da wird zudem versucht, durch den sozialen Preis für einen fairen Handel den Aspekt der Solidarität mit dem Leben neben uns mit abzubilden. Bleibt noch der Raubbau in uns, an unserer eigenen Gesundheit gegenzurechnen, der Gesundheitspreis: wir zahlen mit unserem Körper und unserer Seele, also einen physiologischen und einen psychologischen Preis. Beides ist jedoch nirgends eingepreist. Noch einmal kurz aufsummieren das Ganze für den nächsten Einkaufszettel:

      ökonomischer Preis
+ ökologischer Preis
+ soziologischer Preis
+ physiologischer Preis
+ psychologischer Preis

= wahrer Preis

Was den auf den Produkten ausgezeichneten ökonomischen Preis so ausgezeichnet macht, ist, dass er sämtliche unerwünschten Nebenwirkungen ausblendet und die Ausbeutung natürlicher und menschlicher Ressourcen nicht in Rechnung stellt. Natur und Mensch sind so gesehen nur kostenlose *Endlager*.[17] Als Konsumenten kommen wir daher viel zu billig davon. Der wahre Preis für die Ware oder Dienstleistung inklusive aller Lebensbewahrung wäre deutlich höher. Shoppen gehen ist wie Russisch Roulette. Nicht nur auf Zigarettenschachteln, nein, auf fast all unseren Produkten und Dienstleistungsangeboten müssten, weil sie ebenfalls tödlich sein können, Totenköpfe prangen und der Hinweis: *nicht enkeltauglich*. Ein tödliches Ende scheint unausweichlich – entweder der Konsum killt uns oder wir killen ihn. Wählen Sie jetzt: Killerkonsum oder Konsumkiller? *Achtsam morden bitte*.[18]

Grenzen
Ökologisch und gesellschaftlich

Ein Forschungsteam zur Resilienz um den Schweden Johan Rockström hat in den 2000er Jahren neun kritische Prozesse und natürliche Ressourcen ermittelt, die für das Ökosystem der Erde wesentlich sind und deren Belastungsgrenzen teilweise bereits überschritten wurden. Im Fokus der medialen Aufmerksamkeit steht dabei die menschgemachte Klimaveränderung und Johan Rockström leitet inzwischen das Potsdam Institut für Klimafolgenforschung. Weniger Beachtung findet der dramatische Verlust der Biodiversität. Wir Menschen sind *ökologische Serienmörder*.[19] Aber ohne Bienen keine Bestäubung, *ohne Mücken kein Kakao*.[20]

Der für Erde und Mensch sichere und gerechte Donut

Bei einem der Treffen zu den planetaren Grenzen mokierte einer der Resilienzforscher, dass im bisherigen Modell der Mensch leider komplett außen vor sei und blickte dabei fragend in Richtung eines Gastes von Oxfam, dem internationalen Entwicklungsverband zur Armutsbekämpfung: Kate Raworth. Vor Jahren hatte diese ihr Ökonomiestudium abgebrochen, weil sie dort die menschlichen Aspekte vermisste. Stattdessen hatte sie praktische Erfahrungen in Sansibar gesammelt und war anschließend nach New York zur UN gegangen, um am *Human Development Report* mitzuarbeiten. Inzwischen arbeitete sie bei Oxfam. In dieser Rolle schritt sie nun ans Whiteboard und zeichnete zunächst die biosphärischen Grenzen als äußeren Kreis. Dem fügte sie dann einen zweiten inneren Kreis hinzu, auf den sie kürzlich gestoßen war: die gesellschaftlichen Grenzen, die Mindestanforderungen für ein menschenwürdiges Leben. *"Schaut aus wie ein Donut"*, meinte daraufhin der Meeresökosystemforscher Timothy Lenton.[21]

Donut-Modell ökologischer und gesellschaftlicher Grenzen
(© Kate Raworth und Christian Guthier, CC-BY-SA 4.0)[22]

Global gesehen bedroht uns neben dem zu viel an ökologischen Belastungen noch stets ein zu wenig an gesellschaftlichem Fundament. Nachhaltigkeit und Ressourcengerechtigkeit wären erst dann gegeben, wenn alle Menschen im Lebensraum innerhalb des sicheren und gerechten Donuts lebten: unterhalb der planetaren Obergrenzen als äußerer Begrenzung und oberhalb der soziologischen Untergrenzen als innerer Begrenzung. Im Donut-Modell gilt es, den Bedürfnissen aller Menschen ebenso gerecht zu werden wie den Bedürfnissen aller Komponenten des Erdsystems. Oder mit anderen Worten: Umweltschutz und soziale Gerechtigkeit sind keine voneinander losgelösten Problemfelder, sondern miteinander verknüpft und daher parallel zu lösen: Weltrettung, kleiner geht es nicht mehr. Welch unglaubliche Herausforderung für die Menschheit! Denn eine Steigerung der Lebensqualität, messbar im Index der menschlichen Entwicklung *(Human Development Index: HDI)*, ging bislang stets mit einem erhöhten Ressourcenverbrauch, also einem wachsenden ökologischen Fußabdruck einher. Alle Länder mit einem menschenwürdigen HDI erkauften sich das menschliche Wohlergehen fataler Weise zu Lasten des natürlichen: durch einen Verbrauch von mehr als einer Erde.[23]

Unsere Privilegien sind nicht zukunftsfähig

Während die Armen noch unter dem menschengerechten Existenzminimum leben, leben wir Reichen über dem naturgerechten Existenzmaximum.[24] Ein menschlich würdiger (HDI > 0,7) und ökologisch sicherer (Erdverbrauch < 1) Lebensstil wäre sozial und ressourcengerecht. Um dorthin zu gelangen, muss sich jedes einzelne Land der Erde bewegen. Alle Länder sind dementsprechend Entwicklungsländer. Für die europäischen Entwicklungsländer gilt es, den Ressourcenverbrauch pro Kopf, also den persönlichen ökologischen Fußabdruck zu reduzieren, oder als positives Ziel formuliert: kollektiv die Ressourcen- und damit die Zukunftssicherheit zu erhöhen.

Der Zeitpunkt einer Trendumkehr für die Menschheit ist gekommen: *#MoveTheDate* nennt sich eine weltweite Bewegung mit dem großen Ziel, zukünftig jedes Jahr das Datum der Erdüberlastung um möglichst viele Wochen nach hinten, statt nach vorne zu verlagern. Gleichzeitig ist für viele Länder, insbesondere in Afrika und Asien, der Entwicklungsindex HDI noch deutlich zu verbessern, um allen Bewohnern einen menschengerechten Lebensstandard, ein Leben in Würde, zu ermöglichen. Das Motto der SDG lautet: *niemanden zurücklassen*. Das heißt im Umkehrschluss: *niemanden davonziehen lassen*, so die Transformationsforscherin Maja Göpel.[25] Dort mehr verfügbar zu machen, heißt, hier weniger zu verbrauchen, damit Mensch und Natur gedeihen können. Unsere Deprivilegierung ist unumgänglich.[26]

Mein selbstverantworteter Erd- und Menschverbrauch

Klimagerechtigkeit beinhaltet soziale Gerechtigkeit und fängt bei jedem selbst an. Um ein erstes Gefühl für den Eigenanteil am Weltdilemma zu bekommen, lässt sich im Internet der selbstverursachte ökologische Fußabdruck berechnen und der persönliche Erdüberlastungstag ermitteln. Bei mir ist es beschämenderweise der 24. April. Ich nehme mir so viel vom planetaren Kuchen, dass nicht alle am globalen Tisch satt werden können. Mehr als drei Erden bräuchten wir, wenn ein jeder meinen privilegierten Lebensstil pflegen würde. Solidarität ungenügend – durchgefallen in der Schule des Lebens.

Mit meiner Gegenwart nehme ich anderen die Zukunft.[27] Wie sehr, verdeutlicht mein ebenfalls ausgewiesener CO_2-Abdruck, der über 60 Prozent meines gesamten ökologischen Fußabdrucks ausmacht: Horrormärchenhafte 14 Tonnen CO_2 produziere ich jedes Jahr. Das Gesamtkontingent, welches mir für meine Lebensspanne zur Verfügung steht, etwa 200 Tonnen, habe ich also schon lange überschritten. Mit etwa 100 Tonnen schlagen allein meine bisherigen Flugreisen zu Buche. Neben mehr als drei Erden und der jährlichen Freisetzung von 14 Tonnen Kohlenstoffdioxid nehme ich durch meinen Konsum indirekt zudem noch etwa 60 teils unter menschenunwürdigen Bedingungen arbeitende *Lohnsklaven* in ärmeren Ländern in Anspruch, die mir meinen westlichen Lebensstandard ermöglichen.[28] Während jene für mein materielles Wohl ausgebeutet werden und ihre Familien vielfach unterhalb des Existenzminimums leben, lebe ich weit, viel zu weit oberhalb des Existenzmaximums der biosphärischen Grenzen. Ein Leben im Mangel versus im Überfluss außerhalb des sicheren und gerechten Donuts.

Wenn ich zum Überleben der Menschheit auf Erden beitragen möchte, muss ich mein Leben massiv verändern. Nachhaltigkeit nachschulen. Nicht mehr fliegen, mahnt die Flugscham, denn, dass ich kein Auto besitze, reicht bei weitem nicht. Ohne Fleisch, als Pescetarian lebe ich zwar schon eine Weile, aber eben nicht vegan, nicht ohne Joghurt, Käse und Milch. Regelmäßig kaufe ich unverpackt ein, dank eines Tipps meiner Schwägerin mittlerweile auch die Duschseife. Alles zur Oberflächenreinigung meines ökologischen Gewissens. Der tiefe Dreck meiner wahren Ökobilanz zeigt sich davon jedoch gänzlich unbeeindruckt. Mein Konsum an Lebensmitteln, an Waren und an Dienstleistungen, und nicht zuletzt meine Mobilität und mein Wohnen, all das muss sich grundlegend ändern, will ich ein sozial faires, ein nachhaltiges, ein zukunftsfähiges Leben führen: *#MoveTheDate* ⇔ *#MoveMyAss*.

Transformation
Nachhaltig und gerecht

Global eine lebenswerte Zukunft zu ermöglichen, heißt, Natur und Mensch wieder zu versöhnen. Nachhaltigkeit und Gerechtigkeit lassen sich nur innerhalb der planetaren und sozialen Grenzen vereinen. So bildet der Donut den Ausgangspunkt für die Agenda 2030 zur Weltrettung.[29] 2016 haben die Vereinten Nationen 17 Ziele für eine nachhaltige Entwicklung, die *Sustainable Development Goals (SDGs)*, gelauncht.[30] Dazu gibt es Konkretisierungen in Form von insgesamt 169 Unterzielen mit zugehörigen Umsetzungsmaßnahmen sowie Arbeitsgruppen. Die Zielerreichung wird anhand von 232 Einzelindikatoren bemessen. In der Theorie klingt das durchdacht, modern und kraftvoll.[31] In der Praxis sind die Halbzeitergebnisse zum Stand der globalen SDGs jedoch leider alarmierend:

Die ökologische Krise wächst parallel zur Wirtschaft ...

Die kritischen Variablen der Agenda 2030 zur Weltrettung haben sich in vielen Bereichen seit 2016 sogar verschlechtert, anstatt sich zu verbessern, wie die UN selbst bekennen: Der Meeresspiegel steigt und die Versauerung der Ozeane beschleunigt sich. Eine Million Pflanzen- und Tierarten sind vom Aussterben bedroht und die Bodendegradation dauert ungehindert an. Mehr als die Hälfte der Weltbevölkerung hat keinen ausreichenden Zugang zu grundlegenden Gesundheitsdiensten. Mehr als die Hälfte der Menschheit lebt nicht in einer Demokratie. Und: die Kalenderjahre seit 2015 waren die wärmsten, die je verzeichnet wurden. Das Nachhaltigkeitsziel 13 zur Klimarettung liegt nicht nur nicht im Agendafahrplan, sondern weist stattdessen einen besorgniserregenden Trend in die falsche Richtung auf.[32] Die Lage wird nicht hoffnungsvoller, sondern besorgniserregender. Wie sollte dem auch anders sein? Schließlich steigt der weltweite Ressourcenverbrauch in etwa parallel mit dem Wirtschaftswachstum, gemessen am Bruttosozialprodukt. Also wächst auch die bio- und atmosphärische Belastung durch unseren ökologischen Fußabdruck.

Bruttosozialprodukt und Erdverbrauch[33]

Seit einem halben Jahrhundert schon überziehen wir unser Erdressourcenkonto immer weiter: von 125 Prozent zu Beginn der 1990er Jahre auf 175 Prozent heute. Die Zinsen und Zinseszinsen für diese ungebührliche Kreditinanspruchnahme bekommen wir bereits deutlich zu spüren. Die Erderwärmung und die ökologische Krise sind Symptome unseres gigantischen biosphärischen sowie geologischen

Fußabdrucks des Anthropozäns.[34] Mit seiner Art des Wirtschaftens haushaltet der Mensch nicht, sondern wird zu einer zerstörerischen Naturgewalt.

Die eigentliche Ursache dafür versteckt sich irritierenderweise ausgerechnet im Zentrum der Agenda 2030. Im achten Ziel wird ein nachhaltiges Wirtschaftswachstum propagiert. Der Wachstumsgedanke, der das Dilemma ausgelöst hat, wird alternativlos fortgeführt. Groteske statt Gretaeske Prioritäten. Dem Primat des Bruttosozialprodukts wird weiterhin alles andere untergeordnet. Wirtschaftswachstum lautet die *(un)Hidden* Agenda 2030: *SDG = Sustainable Development Growth?* In unserer Zukunftsagenda steckt ein unauflösbar erscheinender Zielkonflikt. Das SDG 8 zum Wirtschaftswachstum konterkariert das SDG 13 zum Klimaschutz.[35] Beides gleichzeitig wird nicht funktionieren. Der Traum vom Grünen Wachstum bleibt ein reines Wunschdenken, da sich der Ressourcenverbrauch und damit die Umweltbelastung aufgrund des Rebound-Effekts (des Mehrverbrauchs durch Wachstumseffekte gegenüber der Einsparung durch Ressourceneffizienz) ohne einen Pfad- und Musterwechsel nicht entkoppeln lassen. Wir stehen vor der Entscheidung: Kapitalismus oder Klima retten?[36] Denn: Wirtschaftswachstum bedeutet Klimawandel!

... und die soziale Ungleichheit wächst gleich mit

Wachstum heißt immer auch Wachstum der Schere zwischen arm und reich. Parallel mit der Wirtschaft wächst die Ungleichheit auf der Welt zwischen den minderbemittelten und den wohlhabenden Menschen. Das Klima verschlechtert sich also nicht nur atmosphärisch, sondern auch sozial. Und zwar im internationalen Vergleich ebenso wie national innerhalb der Länder. Das SDG 10 zur Ungleichheitsbekämpfung weist daher ebenso wie die Klimaschutzziele einen besorgniserregenden Trend in die falsche Richtung auf.[37] Zunehmende Ungleichheiten stehen einer nachhaltigen Zukunft diametral entgegen. Die Benachteiligung von Frauen, die soziale Ungerechtigkeit und die Klimaungerechtigkeit gehen Hand in Hand. Dass die reichsten Männer dieser Welt zusammen genauso viel besitzen wie die ärmste

Hälfte der Weltbevölkerung, fast vier Milliarden Menschen, zeigt die extreme Zuspitzung der weltweiten Ungerechtigkeiten. Das ungleiche Wachstum verursacht wachsende Ungleichheit. Produktivitätssteigerungen sind ab einem gewissen Maße sozial kontraproduktiv, Distinktionsgewinne sind dann Wohlfahrtsverluste.[38] De facto leben wir in einer Zweiklassengesellschaft zwischen Wohlstandsbürgern auf der einen und nahezu rechtelosen Lohnsklaven auf der anderen Seite der Welt. Probleme externalisieren wir, Güter importieren wir. Waren rein, Menschen nein. Ob an der mexikanischen Grenze, ob im Mittelmeer oder vor Australien: Abgrenzungen werden zu globalen Symptomen. Zum Wirtschaftsimperialismus gesellt sich die Klimaapartheid.

Das Problem liegt in dem großen Irrtum begründet, wie wir Ökonomie begreifen. Wir praktizieren die sozialdarwinistische Lesart des Gesetzes des Stärkeren. Viele natürliche Ressourcen lassen sich fast zum Nulltarif verbrauchen und der Allgemeinheit dann verschmutzt hinterlassen. Dabei war Ökonomie einmal Teil der Moralphilosophie. Das Gesetz (*nomos*) des Haushaltens (*oikos*) war gerecht und stets gemeinwohlorientiert.[39] Auf eine entsprechende Rückbesinnung drängen die Entwicklungsziele fünf und zehn zur Geschlechtergleichheit und für weniger Ungleichheit innerhalb und zwischen den Gesellschaften. Je besser die Bildung und Rechte der Frauen, je gleicher die Verteilung von Wohlstand in einem Land, desto gesünder, sozialer und nachhaltiger lebt die Bevölkerung.[40] Verbessern wir unser soziales Klima, verbessert sich auch das Weltklima.

Dauerkatastrophen im Zeitlupentempo[41]

Der menschgemachte Klimawandel und die Überschreitungen der planetaren und sozialen Grenzen lassen viele Menschen gelähmt und handlungsunfähig zurück.[42] Die übermächtigen Weltrisiken drohen die Gesellschaft zu labilisieren und zu polarisieren.[43] Gegenwartskrisen sind Sprachrohre der Evolution und mitunter auch Revolution, welche die Menschheit auf ihre Zukunfts(an)gelegenheiten aufmerksam machen.[44] Ein signifikanter Übergang zu einer Gemeinwohl- und

Postwachstumsökonomie, zum Postmaterialismus wird immer dringlicher. Wir benötigen einen Paradigmenwechsel von der Degenerativität zur Regenerativität.[45] Begegnen wir der Krise nicht mit Angst, wird sie zur Chance.[46] Weg vom Irrglauben, Wachstum würde Gerechtigkeit schaffen, hin zu einer natürlichen Kreislaufwirtschaft, die sich in die dynamischen und komplexen Öko- und Sozialsysteme so einbettet, wie es Kate Raworth in ihrer Donutökonomie fordert.[47] Am Beispiel von Amsterdam hat sie zudem die Erfordernisse des Donutmodells auf eine einzelne Stadt heruntergebrochen. Städte werden bei der erforderlichen Wende zur Nachhaltigkeit und sozialen Gerechtigkeit schließlich eine entscheidende Rolle spielen.[48] Während 1950 nur ein Drittel der Weltbevölkerung in Städten und zwei Drittel auf dem Land lebten, wird sich das bis 2050 voraussichtlich umkehren. Die einzigen Wälder, die derzeit richtig prosperieren, sind die aus Beton und Stahl.

Aber unabhängig von Stadt oder Land, egal ob Holländer oder Deutsche, festzuhalten bleibt: Wir Europäer wohnen und wirtschaften weit außerhalb des Donuts.[49] Eine deutliche Reduktion unseres Verbrauchs und Konsums ist die Voraussetzung dafür, allen Erdbewohnern ein menschenwürdiges Leben auf einem gesunden Planeten zu ermöglichen. Eine revolutionäre Neuorientierung tut not, so lautet auch der Appell des mit *The future is now* überschriebenen Wissenschaftsberichts der UN von 2019: *not incremental change but transformation*. Das klingt, als müsste sich die UN an ihre eigenen Ansprüche erinnern. *Transforming our world* lautet schließlich der Leitspruch der siebzehn globalen Nachhaltigkeitsziele. Bereits zur Hälfte ihrer Laufzeit droht die Agenda 2030 als *Bla-bla-bla*-Greenwashing in die Geschichte der im *business-as-usual* Vereinten Nationen einzugehen, statt sie umzuschreiben. Wenn wir uns nicht aus eigenem Antrieb radikal verändern, wird sich um uns herum vieles gegen uns wenden. Nutzen wir die Chancen der Krise nicht, wird sie zur Gefahr. Je nachdem, wer schneller sein wird, die Umweltkatastrophe oder das menschliche Einlenken, wird es einen Zusammenbruch oder einen Durchbruch geben.[50] Transformation by disaster oder by design: Wir müssen uns entscheiden, welchen Wandel wir wählen. *Ende Gelände.*

Demonstration *System Change, not Climate Change*, COP21, Paris 2015
(© GLOBAL 2000/Christoph Liebentritt, CC BY-ND 2.0)[51]

Die Chance, die sich aus der Krise ableitet, hört auf den Namen Change, *System Change*. Das System muss sich ändern heißt, wir müssen uns ändern. Wer, wenn nicht wir? Denn: *Wir sind das System.* Jedes einzelne Ich ist systemrelevant. Gesellschaftssystemrelevant. Klimasystemrelevant.[52] Die Rettung der Welt liegt weder im *Green Growth* noch in der Grenzsicherung oder im Geoengineering. Sie liegt im Zwischen- und Innermenschlichen, im Wir und im Ich. *System Change needs Inner Change.*[53] Wer bei den Sustainable Development Goals vorankommen will, kommt nicht umhin, sich auch den *Inner Development Goals* zu widmen, will er nicht sein eigenes Leben und die Zukunft der Welt verschlafen.[54] Weltrettung heißt in Wahrheit Selbstrettung. Die Erde kann prima ohne den Menschen, der Mensch jedoch nicht ohne die Erde existieren.

> „Wir sind nicht nur Gewohnheitstiere, sondern auch Gewohnheiten schaffende Tiere. Man könnte sogar sagen, dass wir dafür gemacht sind, wie Schlaftabletten auf uns selbst zu wirken. (...)

Der Neoliberalismus sagt: Vertrau der Logik des Marktes. Du bist ein rationaler Teilnehmer und kennst Deine Absichten. Wer hart arbeitet, wird sein Ziel erreichen.
Der Neonationalismus sagt: Vertrau der Stärke Deines Nationalstaats. Du bist ein benachteiligtes Opfer und Schuld haben andere. Schließ die Reihen und zieh Mauern hoch. Dann bist Du sicher.
Der Solutionismus sagt: Vertrau der Macht der Technologie: Selbst Deine Sterblichkeit ist ein technisches Problem. Klick einfach weiter und wir geben Dir, was Du wirklich willst.
Sie irren alle. (...) Es geht darum, das Leben umfassender zu verstehen, und zwar in einer Weise, die einem selbst hilft, völlig lebendig zu sein. (...) Die persönliche spirituelle Frage könnte lauten: Wer bin ich und wer werde ich? Und wir erfahren, wer wir sind, indem wir versuchen, die Welt zu erschaffen, in der wir leben wollen."

Jonathan Rowson (*Spiritualise*, 2018, S. 39, 66 f. und S. 74)

Zwischenfazit
Stoppen oder gestoppt werden

Lauschen wir den zwei Vertretern unseres globalen Haushaltens (*oikos*), könnten die Bedürfnisbotschaften widersprüchlicher kaum sein: während die Ökologie mit Katastrophen aufwartet, diverse Grenzüberschreitungen zur Anzeige bringt und uns Menschen mahnt, die Natur zu schützen, verlangt die Ökonomie uns und der Umwelt einen stetig steigenden Tribut an Arbeit, Produktion und Konsum ab. So erschöpfen wir die natürlichen und menschlichen Ressourcen immer mehr. Was sich betriebswirtschaftlich als Wertschöpfungskette liest, entpuppt sich volkswirtschaftlich als Natur- und Menscherschöpfung, als nicht zukunftsgerechte Wertzerstörungskette, kurzum: als nicht nachhaltig.[55] Seit über einem halben Jahrhundert schon schlagen wir *wachstumsgetriebene Wachstumstreiber* mehr Bäume aus unserem globalen Wald als nachwachsen können.[56] Zudem sind angesichts ihrer jährlichen Neuverschuldungen die meisten Länder de facto schon heute bankrott, rein wirtschaftlich – von kulturellen und mentalen Zerstörungen ganz zu schweigen.

Wir plündern zugleich die Vergangenheit und die Zukunft für den Überfluss der Gegenwart – das ist die Diktatur des Jetzt.[57] Gier versus Gaia.[58] Mikroorganismus versus Makroorganismus. Anthroposphäre versus Biosphäre.[59] Shareholder Value versus Gemeinwohl. Die spätmoderne Welt gleicht einer *Megamaschine*, deren Laufzeitende unmittelbar bevorsteht.[60] Im Kern der ökologischen und gesellschaftlichen Metakrise gibt es lediglich ein einziges Problem zu lösen. Dieses hat es aber in sich: stoppen wir das zerstörerische Wachstum oder werden wir von ihm gestoppt?

P.S.: Wie richten Sie die Welt ein, wenn Sie nicht wissen, in welchem Land und in welcher Familie Sie geboren werden?[61] Anders gefragt: Wie backen Sie den Donut, wie verteilen Sie die Streusel, ohne vorher zu wissen, als welcher dieser menschlichen Streusel Sie das Licht der Welt erblicken?

P.S.2: Mehr als alle Fakten vermag manchmal eine Anekdote das Wesentliche zu erhaschen. Starten wir mit Heinrich Bölls Anekdote zur Senkung der Arbeitsmoral.

In einem Hafen an einer westlichen Küste Europas liegt ein ärmlich gekleideter Mann in seinem Fischerboot und döst. Ein schick angezogener Tourist legt eben einen neuen Farbfilm in seinen Fotoapparat, um das idyllische Bild zu fotografieren: blauer Himmel, grüne See mit friedlichen, schneeweißen Wellenkämmen, schwarzes Boot, rote Fischermütze. *Klick.* Noch einmal: *klick*, und da aller guten Dinge drei sind und sicher sicher ist, ein drittes Mal: *klick.*

Das spröde, fast feindselige Geräusch weckt den dösenden Fischer, der sich schläfrig aufrichtet, schläfrig nach seiner Zigarettenschachtel angelt. Aber bevor er das Gesuchte gefunden, hat ihm der eifrige Tourist schon eine Schachtel vor die Nase gehalten, ihm die Zigarette nicht gerade in den Mund gesteckt, aber in die Hand gelegt, und ein viertes *Klick*, das des Feuerzeuges, schließt die eilfertige Höflichkeit ab.

Durch jenes kaum messbare, nie nachweisbare zuviel an flinker Höflichkeit ist eine gereizte Verlegenheit entstanden, die der Tourist – der Landessprache mächtig – durch ein Gespräch zu überbrücken versucht. *„Sie werden heute einen guten Fang machen."* Kopfschütteln des Fischers. *„Aber man hat mir gesagt, dass das Wetter günstig ist."* Kopfnicken des Fischers.

„Sie werden also nicht ausfahren?" Kopfschütteln des Fischers, steigende Nervosität des Touristen. Gewiss liegt ihm das Wohl des ärmlich gekleideten Menschen am Herzen, nagt an ihm die Trauer über die verpasste Gelegenheit. *„Oh? Sie fühlen sich nicht wohl?"* Endlich geht der Fischer von der Zeichensprache zum wahrhaft gesprochenen Wort über.

„Ich fühle mich großartig", sagt er. *„Ich habe mich nie besser gefühlt."* Er steht auf, reckt sich, als wollte er demonstrieren, wie athletisch er gebaut ist. *„Ich fühle mich fantastisch."*

Der Gesichtsausdruck des Touristen wird immer unglücklicher, er kann die Frage nicht mehr unterdrücken, die ihm sozusagen das Herz zu sprengen droht: *„Aber warum fahren Sie dann nicht aus?"* Die Antwort kommt prompt und knapp. *„Weil ich heute morgen schon ausgefahren bin." „War der Fang* *gut?" „Er war so gut, dass ich nicht noch einmal ausfahren brauche, ich habe vier Hummer in meinen Körben gehabt, fast zwei Dutzend Makrelen gefangen."*

Der Fischer, endlich erwacht, taut jetzt auf und klopft dem Touristen auf die Schulter. Dessen besorgter Gesichtsausdruck erscheint ihm als ein Ausdruck zwar unangebrachter, doch rührender Kümmernis. *„Ich habe sogar für morgen und übermorgen genug!"* sagte er, um des Fremden Seele zu erleichtern. *„Rauchen Sie eine von meinen?"*

„Ja, danke."

Zigaretten werden in Münder gesteckt, ein fünftes *Klick*, der Fremde setzt sich kopfschüttelnd auf den Bootsrand, legt die Kamera aus der Hand, denn er braucht jetzt beide Hände, um seiner Rede Nachdruck zu verleihen. *„Ich will mich ja nicht in Ihre persönlichen Angelegenheiten mischen"*, sagt er, *„aber stellen Sie sich mal vor, Sie führen heute ein zweites, ein drittes, vielleicht sogar ein viertes Mal aus, und Sie würden drei, vier, fünf, vielleicht sogar zehn Dutzend Makrelen fangen. Stellen Sie sich das mal vor!"*

Der Fischer nickt.

„Sie würden", fährt der Tourist fort, *„nicht nur heute, sondern morgen, übermorgen, ja, an jedem günstigen Tag zwei-, dreimal, vielleicht viermal ausfahren – wissen Sie, was geschehen würde?"*

Der Fischer schüttelt den Kopf.

„Sie würden sich in spätestens einem Jahr einen Motor kaufen können, in zwei Jahren ein zweites Boot, in drei oder vier Jahren könnten Sie vielleicht einen kleinen Kutter haben, mit zwei Booten oder dem Kutter würden Sie natürlich viel mehr fangen - eines Tages würden Sie zwei Kutter haben, Sie würden...", die Begeisterung verschlägt ihm für ein paar Augenblicke die Stimme, *„Sie würden ein kleines Kühlhaus bauen, vielleicht eine Räucherei, später eine Marinadenfabrik, mit einem eigenen Hubschrauber rundfliegen, die Fischschwärme ausmachen und Ihren Kuttern per Funk Anweisung geben, sie könnten die Lachsrechte erwerben, ein Fischrestaurant eröffnen, den Hummer ohne Zwischenhändler direkt nach Paris exportieren – und dann..."*

Wieder verschlägt die Begeisterung dem Fremden die Sprache. Kopfschüttelnd, im tiefsten Herzen betrübt, seiner Urlaubsfreude schon fast verlustig, blickt er auf die friedlich hereinrollende Flut, in der die ungefangenen Fische munter springen. *„Und dann"*, sagt er, aber wieder verschlägt ihm die Erregung die Sprache. Der Fischer klopft ihm auf den Rücken wie einem Kind, das sich verschluckt hat.

„Was dann?" fragt er leise.

„Dann", sagt der Fremde mit stiller Begeisterung, *„dann könnten Sie beruhigt hier im Hafen sitzen, in der Sonne dösen – und auf das herrliche Meer blicken."*

„Aber das tu ich ja schon jetzt", sagt der Fischer, *„ich sitze beruhigt am Hafen und döse, nur Ihr Klicken hat mich dabei gestört."* Tatsächlich zog der solcherlei belehrte Tourist nachdenklich von dannen, denn früher hatte er auch einmal geglaubt, er arbeite, um eines Tages einmal nicht mehr arbeiten zu müssen, aber es blieb keine Spur von Mitleid mit dem ärmlich gekleideten Fischer in ihm zurück, nur ein wenig Neid.

Heinrich Böll (*Anekdote zur Senkung der Arbeitsmoral*, 1963)[62]

2
Wir
Soziale Verstrickungen

16. Mai 2016. Mein 45. Geburtstag, im ICE auf dem Weg nach Mannheim. Vor kurzem habe ich auf meiner Jobsuche mit einem der Gründer des Start-Ups *VORSPRUNGatwork* telefoniert. Die Transformationsberater haben sich aufgemacht, Unternehmen auf dem Weg in eine neue Form der Zusammenarbeit zu begleiten. *New Work* nennt sich das Ganze: agil, kunden- und potenzialorientiert. Mit anderen Interessierten bin ich nun eingeladen zu einem dreitägigen Kennlernen. *"Du fährst also zu einem Assessment Center"*, meint mein Bruder. Nein, so fühlt sich das nicht an. Was mich aber stattdessen erwartet, ist mir auch nicht so ganz klar. Die Einladung ist mit *VORSPRUNG-Brett* überschrieben.

17. Mai 2016. Erster Tag. Treffpunkt ist ein Co-Working-Space in einem umgebauten Speicher direkt am Rhein. Als ich im dritten Stock aus dem Fahrstuhl steige, begrüßen mich die bereits Anwesenden mit einem warmen Geburtstagsständchen. Ich bin ganz berührt. Kurz später geht es los mit der Einstiegsfrage, woher wir denn angereist kommen. Wir werden eingeladen, uns auf der Fläche wie auf einer Landkarte zu verteilen. Für die nächste Frage wandelt sich der Raum in ein Gefühlsbarometer und wir werden schnell miteinander warm. Das soziometrische Stellen gibt die Ton- und Spielart vor: wir Eingeladenen sind keine passiven Teilnehmer, sondern aktive Teilgeber, Mitgestalter unserer Gemeinschaft. Als nächstes wird eine Ecke des Raums zur gemeinsamen Musikbühne umfunktioniert, jeder imitiert dabei einen Sound seiner Wahl, wir haben richtig Spaß und verstricken uns miteinander.[63]

19. Mai 2016. Letzter Tag. Am Ende unseres Beisammenseins werden wir Teilgeber gefragt, was wir einerseits für uns mitnehmen, und was wir andererseits dem Start-Up womöglich zurückgeben könnten.

Nach insgesamt mehr als zwanzig Stunden inspirierender Erlebnisse, Erfahrungen und Ergebnisse genügt mir ein einziges Wort zur Beantwortung beider Fragen: *Resonanz!*

Der Resonanzbegriff ist in der Musik ein geläufiges Phänomen, welches sich vom Echo unterscheidet. Schlägt man eine frei bewegliche Saite eines Instruments, beispielsweise einer Gitarre an, so können die Schallwellen die Saite eines zweiten Instruments in Bewegung setzen und ein Mitklingen herbeiführen. Solch ein Mitschwingen lässt sich auch auf Menschen übertragen: die eigenen Worte und Gesten können eine Wirkung und Reaktion beim Gegenüber wachrufen. Geraten menschliche Seelen dergestalt in wechselseitige Schwingung, spricht man von sozialer Resonanz. Aus dem Zusammenspiel entfaltet sich eine eigene Melodie des Miteinanders. Wie in besonderen Konzertmomenten, wenn sich Musiker mehr und mehr in einen Flow spielen und mit den Vibrationen auch zwischen Band und Publikum der Funke überspringt.

So auch Anfang des neuen Jahrtausends in einem kleinen, mit rotem Plüsch ausstaffierten Club am Nobistor in Hamburg mit dem unbescheidenen Namen *Weltbühne*. Der noch unbekannte Matt Berninger begibt sich auf das nur leicht erhöhte Podium. Wir stehen so dicht vor ihm, dass er kaum aufblicken mag. *The National* nennt sich die fünfköpfige Combo aus den USA, die neben Matt noch aus zwei befreundeten Brüderpaaren besteht. Was für ein blöder Bandname, denke ich noch so bei mir. *"Könnte spannend werden"*, flüstert Amrey mir zu, als die Jungs auch schon loslegen. Und das wird es. Schon die ersten Gitarrenwellen wogen direkt weiter in unsere Beine. Wir tanzen die Resonanz und sind sowas von da, dass die Musiker sich und uns alle wie in einen Rausch spielen.[64]

Wachstum
Am Du zum Ich und zum Wir werden

Das *VORSPRUNGbrett* erwies sich für mich schließlich als Absprungbrett nach Weinheim, wo die Vorspringer schon bald ihre Heimat fanden. Weinheim liegt an der beschaulichen Bergstraße am Rande des Odenwaldes. Ins benachbarte Heppenheim zog es ein Jahrhundert zuvor den Religionsphilosophen Martin Buber. Dort ließ er seinen Gedanken zum Zwischenmenschlichen freien Lauf und brachte unser dialogisches Wesen 1923 prägnant auf den Punkt: *Der Mensch wird am Du zum Ich.*

Spiegelneuronen des Zwischenmenschlichen

Die Entwicklung des Einzelnen kann niemals isoliert stattfinden, sondern erfolgt immer innerhalb sozialer Beziehungen. Unsere Beziehungsfähigkeit wird von unserer ersten Bezugsperson, in der Regel also von unserer Mutter, vorgeprägt. Hinter jedem individuellen Ich steckt zu einem gewissen Anteil das elterliche Du und immer auch ein kulturelles Wir.[65] Die Grundlage für alles Miteinander, für unsere Lebensfähigkeit, unser Selbstverhältnis, unser Verhältnis zur Umwelt und zur Sozialwelt sind die *Spiegelneuronen* in unserem Gehirn. Sie ermöglichen bereits Babys und Kleinkindern, in Resonanz mit ihrer Mutter zu gehen, deren Gestimmtheit lesen zu lernen und sich darauf einzulassen. Jeden Tag aufs Neue auf eine gemeinsame Gefühlsreise zu gehen. Spiegelneuronen und Resonanz sind überlebensnotwendige Treiber für unsere psychosoziale Persönlichkeitsentwicklung, wie der Neurologe Joachim Bauer und der Soziologe Hartmut Rosa erläutern.[66] Alles, was ich bin und werde, bin und werde ich in Beziehung zu anderen Menschen.

Bereits in der Kinderstube wird die Bereitschaft, mitzuschwingen, und die eigene persönliche Erwartungshaltung angelegt: Ist mir die Welt da draußen feindlich oder freundlich gesonnen? Inwieweit das Grundwillkommen meiner Eltern bedingt oder bedingungslos ist, ist maßgeblich dafür, aus welcher Selbstbeziehung heraus, mit welcher Haltung und Offenheit ich auf meine Gegenüber zugehe, mit welchem *Weltaneignungsverhältnis*:[67] eher argwöhnisch zurückhaltend oder aber vertrauensvoll kontaktfreudig? Die äußerliche Realität, die sich einstellt, ist immer auch ein Abbild dessen, was ich innerlich erwarte. Wie beziehungsfähig und selbstwirksam ich mich fühle, beeinflusst nicht nur mein Auftreten, sondern wie eine künstliche Linse vor meinem Auge auch meine Wahrnehmung. Wenn ich von vornherein genau zu wissen glaube, wie sich ein zwischenmenschlicher Kontakt gestalten wird, bewahrheitet sich meine Annahme über das gemeinsame Wir oft wie von selbst und wird zur *Wahrgebung*: Gedanken werden zu Erwartungen, Erwartungen werden zu Gegebenheiten. In Wahrheit gibt es keine Wahrheit, sondern ist all das, was wir als Wirklichkeit empfinden, immer nur unsere selbstkonstruierte subjektive Sicht auf Menschen, Natur und unbelebte Dinge. *Wir sehen die Umwelt nicht so, wie sie ist, sondern so, wie wir sind.*[68] Wir bewirken alles Wirkliche.[69] *What you see is what you get.*

Schauspiel oder Berührung

Die Umwelt steht uns nie grundsätzlich feindlich gegenüber. Ob im Zusammenspiel etwas Positives entstehen kann oder eben nicht, liegt immer auch an uns selbst. Sich offen und aktiv zu beziehen, ermöglicht Beziehung. Wenn wir uns empathisch aufeinander einlassen, als ob wir in der Haut unseres Gegenübers steckten, verwandeln wir die Welt. Durch die seelische Berührung verändern sich unser Wohlbefinden und unsere Stimmung, im lebendigen Miteinander *anverwandeln* sich Du und Ich und es entsteht ein gemeinsames Wir. Wenn beide bereit sind, eröffnen sich ganz besondere Momente. Der Resonanz zwischen zwei Menschen, zwischen zwei Lebewesen, wohnt eine Magie, eine Zauberkraft inne.

Im gewöhnlichen Alltag jedoch, in dem man sich insgeheim vor allem fragt, welches Bild man für die anderen abgibt, ähnelt unser Leben eher einem selbstinszenierten Theaterstück.[70] In *Wie es euch gefällt* schrieb Shakespeare 1600: *Die ganze Welt ist eine Bühne, und alle Frauen und Männer bloße Spieler. Sie treten auf und gehen wieder ab. Sein Leben lang spielt einer manche Rollen, durch sieben Akte hin.* Im ersten Akt ist es das hungrige, liebesbedürftige und liebenswerte Kind. Am elterlichen Du schaut sich das werdende Ich ab, welches Verhalten gewünscht wird und durch welches Verhalten es seine Bedürfnisse wahrscheinlich erfüllt bekommt. Also spiegeln und spielen wir alle genau das, was von uns erwartet wird. Immer weiter werden wir dahingehend sozialisiert, bis wir in die vermeintlich großen Rollen gelangen, als Berufstätige und Eltern. Dabei mehren sich die Kontexte, in denen wir meinen, nicht so sein zu können, wie wir eigentlich sind.

Als *Persona*, wörtlich unter unserer *Maske*, entspricht es unserem künstlerischen Ausdruck, dieses zu unterstreichen und jenes zu verheimlichen, damit wir von anderen möglichst so gesehen werden, wie wir gesehen werden wollen. Es ist die unerträgliche Leichtigkeit des Scheins. In der wir vor lauter Schauspielkunst bisweilen gar nicht bemerken, wie wir uns in der Allgegenwärtigkeit oberflächlichen Maskenspiels immer weiter von unserm wahren Selbst und dem der anderen entfernen. Im Alter kann sich das noch einmal umkehren. In den vermeintlichen Nebenrollen als Großeltern und im Ehrenamt lebt es sich manchmal authentischer und bezogener, solange Krankheit und Pflegebedürftigkeit noch nicht den Schlussakt der Lebensvorstellung und mit der Zukunftsverminderung die Retrospektive einläuten.[71]

Bühne der Entfremdung oder Oase der Resonanz

Das Umfeld bestimmt also in einem gewissen Maße die Spielregeln für das Theaterstück, welches wir Leben nennen. Dennoch bleibt das Zwischenmenschliche immer auch unvorhersehbar. Ein beeindruckendes Beispiel, was schon kleine Veränderungen in einem Kontext bewirken können, zeigte sich im ersten Winter des Ersten Weltkriegs. Die deutschen Soldaten an der belgischen Front bekamen seinerzeit Miniaturweihnachtsbäume aus der Heimat nach Flandern geschickt. Mit Kerzen beleuchtet stellten sie diese auf ihre Schützengräben, so dass die gegenüberliegenden Briten sie gut sehen konnten. Wo weihnachtlich die Kerzen leuchteten, verstummten die Waffen. Stattdessen sangen die Soldaten alsbald Weihnachtslieder, was von der anderen Seite mit eigenen Weihnachtsliedern beantwortet wurde, teilweise zu denselben Melodien. Eins ergab das andere und irgendwann standen Deutsche und Briten im Niemandsland beieinander. Gesten und Worte, Tabak und Bier wurden ausgetauscht. Und es soll sogar

Fußball gespielt worden sein. Oasen zwischenmenschlicher Resonanz mitten in der Wüste des Krieges. Der Weihnachtsfrieden 1914 war ein historischer Moment. Doch bereits kurz nach Weihnachten waren die meisten Frontabschnitte wieder umkämpft. Der Erste Weltkrieg nahm seinen Lauf, auch aufgrund strikter Anweisungen und Vorkehrungen der militärischen Obrigkeit, eine Wiederholung solcher Vorkommnisse zu unterbinden.

Grenzen
Einander fremd werden

Zu jener Zeit war Douglas McGregor gerade einmal acht Jahre alt. Douglas wuchs jenseits des Atlantiks in der Automobilhochburg Detroit auf. In der großelterlichen Arbeitermission bekam er die prekären Lebensumstände vieler Lohnarbeiter hautnah zu spüren. Eine Weile liebäugelte er sogar damit, Pastor zu werden, entschied sich aber schließlich für ein Studium der Psychologie. Im Alter von 19 Jahren heiratete er und brach das Studium ab, um sein Geld zunächst als Tankstellenwärter zu verdienen. In kurzer Zeit arbeitete er sich bis ins Management hoch. Später holte er sein Psychologiestudium nach und wurde schließlich Professor am renommierten *Massachusetts Institute of Technology (MIT)*.[72] Die Beobachtungen, die er in der betrieblichen Praxis über die menschliche Seite von Unternehmen machte, fügte er 1960 zu einem gleichnamigen Werk zusammen: *The Human Side of Enterprise*. Das seinerzeit verbreitete negative Bild von unmotivierten Lohnarbeitern, welches auch sein depressiv veranlagter Vater Murray teilte, nannte Douglas McGregor Theorie X. Die selbstmotivierte Arbeitskultur, die er in einigen progressiven Betrieben beobachtet hatte, nannte er Theorie Y. Dieses positive Menschenbild entsprach seinem eigenen Optimismus viel eher.

Zwölf Jahre bevor Dana und Denis Meadows mit ihrem Forschungsteam am MIT die Grenzen des Wachstums eruierten, die um die Welt gehen sollten, lotete Douglas McGregor ebendort bereits die Grenzen der Menschlichkeit in Organisationen (X) und auch deren

Überwindung (Y) aus. Seine Theorie Y war zugleich seine Art der Verdrängung der eigenen Rebellion gegen den Pessimismus seines Vaters. Ein in mancher Hinsicht recht erfolgreicher Verdrängungsmechanismus: sein Werk wurde bei einer amerikanischen Umfrage auf Platz 4 der einflussreichsten Managementbücher des 20. Jahrhunderts gewählt. In den Top Ten landeten auch die zwei Vordenker, die einen starken Einfluss auf Douglas McGregor hatten: der auf Platz 7 gewählte Abraham Maslow hatte den Weg für die Theorie Y geebnet und der Abstimmungssieger Frederick Taylor den für die Theorie X.

Theorie X

Als ein Ausgangspunkt für die Theorie X gilt nämlich die Arbeitsteilung zwischen Kopf- und Handarbeit, wie sie Frederick Taylor 1911 mit eben jener zum bedeutendsten Managementwerk des Jahrhunderts gekürten Schrift unter dem paradigmatischen Titel *Scientific Management* begründete.[73] Seine Erfindung der wissenschaftlichen Betriebsführung ermöglichte die Revolution der Produktion, den *Taylorismus*. Die entsprechende Planung und Steuerung der industriellen Produktion erfolgt von oben nach unten: vom Geschäftsführer über verschiedene Managementebenen bis zu den Teamleitern und dem breiten Fundament an Arbeitern. Und so ging Frederick Taylor als Pyramidenbauer in die Wissenschaftsgeschichte ein.[74]

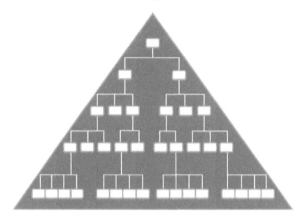

Die hierarchische Pyramide als klassische Organisationsform

Seit Taylor gilt: Organisationen setzen sich nicht aus Menschen, sondern aus Kästchen zusammen.[75] Unternehmen bauen auf Funktionslinien und nicht auf zwischenmenschliche Beziehungen. Dank der hierarchischen Pyramide lässt sich Produktion arbeitsteilig und damit höchsteffizient organisieren. Die Arbeiter an den automatisch angetriebenen Fließbändern schuften im Akkord und werden ihrerseits durch Vorarbeiter angetrieben. Besonders bewährt hat sich die Serienfertigung in der Automobilindustrie, in den USA initiiert durch Henry Ford, daher spricht man auch vom *Fordismus*.

In industriellen Produktionskonzernen ist der einzelne Arbeiter bis heute nur ein kleines Rädchen im großen Getriebe. Die hinter diesem Welt- und auch Menschenbild steckenden Annahmen taufte Douglas McGregor Theorie X. Demnach hat der Mensch eine Abneigung gegen Arbeit und vermeidet sie, wo er kann. Entsprechend muss er genötigt werden, sich für die Erreichung der betrieblichen Ziele einzusetzen, und daraufhin auch kontrolliert werden. Der Mensch vermeidet auch Verantwortung und hat wenig eigene Ambitionen, sondern bevorzugt es, Anweisungen und Sicherheit zu erhalten. Arbeiter werden als austauschbare Mittel zum Zweck angesehen, als menschliche Produktionsfaktoren, als *Human Resources,* die von oben herab gesteuert werden. Die Unterstellung von Seiten der Führungskräfte, Vorschriften und Kontrolle seien vonnöten, bewahrheitet sich ganz von selbst.

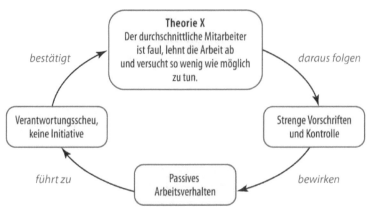

Theorie X als sich selbst erfüllende Prophezeiung
(© Paul Bayer, CC BY 2.0 DE)[76]

Die misstrauende Wahrnehmungsbrille der Führungskräfte in der Theorie X wird in sich selbst erfüllender Prophezeiung zur Wahrgebung. Werden Arbeiter negativ gesehen und als Unmündige behandelt, fühlen sie sich als Mittel zum Zweck instrumentalisiert und in ihrer Würde gekränkt.[77] Dass eigene Ideen unerwünscht sind, erzeugt Frust und mit der fehlenden Motivation schleichen sich Nachlässigkeiten ein. Werden Leistungsvorgaben dann nicht erreicht, entstehen Angst und Stress. Neurobiologisch vermindert sich die Aktivität der Spiegelneuronen und damit die Resonanzfähigkeit. Zudem leidet die Selbstwirksamkeitserwartung und in einer Negativspirale bleiben die eigene Kreativität und der Spaß an der Arbeit auf der Strecke. Das Warten auf das Schichtende wird zum Symptom innerer Kündigung. Behandelt man Menschen und Natur lediglich als zur Verfügung stehende Ressourcen, so erzeugt dieses innere Menschen- und Weltbild X eine negative äußere Wirklichkeit.[78] *Das Bewusstsein bestimmt das Sein*, so Hegel. *Das Sein bestimmt das Bewusstsein*, so Marx.[79] Und so schließt sich der dialektische Kreis.[80]

Die Entfremdung in der Instrumentalisierungskultur

Karl Marx konstatierte eine fünffache Entfremdung des Menschen in der Lohn-, sprich Zwangsarbeit: vom Produkt seiner Arbeit, vom Prozess seiner Arbeit, von der Natur, von der sozialen Welt seiner Mitmenschen und schlussendlich von sich selbst.

Wie sich ausbeuterische Arbeitstaktung noch heutzutage im Leben einer normalen Klein-familie auswirken kann, zeigt ein Spielfilm von Ken Loach. Familienvater Ricky Turner liefert als Freelancer mit dem eigens angeschafften Lieferwagen Pakete für einen der Bestelldienste der boomenden Plattformökonomie aus. Es ist ein permanentes Fahren gegen die Uhr, um die Verpflichtungen, die er aufgetragen bekommen hat, fristgerecht zu erfüllen. Die Ich-AG im Kampf um ihre Existenz – vierzehn Stunden jeden Tag, sechs Tage die Woche. Der völlig überarbeitete und verschuldete Ricky verpasst dabei nicht nur einige seiner Kunden, sondern vor allem auch seine eigenen Bedürfnisse und die seiner Familie: *Sorry we missed you*, so steht es auf den

Benachrichtigungszetteln und so lautet auch der Titel des Films. Der Pfandeinsatz im Ursprungssinn des Wettbewerbs ist manchmal das eigene Leben. Die Ketten der Lohnsklaven der Moderne bestehen nicht mehr aus Eisen, sondern aus Krediten.

In unserer spätmodernen Leistungsgesellschaft herrscht ein permanenter Optimierungsdruck, der Menschen aggressiv, nachdenklich oder auch depressiv machen kann. Dies konnte ich in einem Managerseminar zur Gruppendynamik sowohl am fremden als auch am eigenen Leib beobachten. Während der Mittagspause sah ich einen der Teilnehmer auf einer Entspannungsliege am Innenpool des Hotels liegen. Regungslos stierte er mit weit aufgerissenen Augen an die Decke. Pathologische Schlaflosigkeit ist kein schöner Anblick, mir verkrampfte es das Herz vor Schmerz. In den nachmittäglichen systemischen Aufstellungen trieb die Einsicht über die eigene innere Kälte anderen Führungskräften Tränen in die Augen, aus Scham und aus Trauer über die vergeudete Lebensqualität. So manche unserer Sandwich-Positionen im mittleren Management wirkte auf einmal ziemlich sinnentleert. Nachts wälzte ich mich aufgewühlt im Hotelbett hin und her, mein erschöpftes Selbst fand kaum zur Ruhe.[81] In meinem Inneren brodelte es ungemein, schließlich befand auch ich mich bereits auf der Überholspur Richtung Burnout.

Ein Teufelskreis aus Beschleunigung und Entfremdung

Die mit der Industrialisierung und der Lohnarbeit einhergehende Verselbständigung der Ökonomie als derart kulturprägend, dass sowohl die Menschen als auch die Natur zu austauschbaren Waren degradiert werden, bezeichnete der Wirtschaftshistoriker und Sozialanthropologe Karl Polanyi als *The Great Transformation,* die Große Transformation. Die seitdem vorherrschende X-Welt aus Misstrauen und entsprechender Kontrolle, aus Instrumentalisierung und daraus resultierender Entfremdung ist im Wesentlichen das, was der Philosoph Martin Heidegger als die *Uneigentlichkeit des Man* in der kollektivistischen Gesellschaft bezeichnete.[82] Was der Philosoph und Psychologe Erich Fromm als *Existenzweise des Habens* umschrieb, den er im modernen Konsumismus wiederfand. „*Man muss diese versteinerten Verhältnisse dadurch zum Tanzen zwingen, dass man ihnen ihre eigne Melodie vorsingt!*", so das Credo von Karl Marx.[83]

So verläuft der Pfad der Erkenntnis ausgehend von sozialistischer Kapitalismus- über soziologische Verdinglichungskritik bis hin zur sozialphilosophischen Lesart unserer Instrumentalisierung, nach der wir in einer Beschleunigungs-, Burnout- und Müdigkeitsgesellschaft leben.[84] Das herausragende Merkmal im neoliberalen Kapitalismus ist nach Hartmut Rosa die Steigerungslogik. Stillstand oder gar Rückgang lösen an den Börsen wie im Sozialen Instabilitäten aus. Der Wachstumszwang und Wettbewerbsdruck erzeugen inner- und zwischenmenschliche Entfremdungen, die zunehmend durch Konsum kompensiert werden. In der Diktatur der Ressourcenausnutzung strebt ein jeder für sich nach einer Vergrößerung der eigenen Weltreichweite, welche die Marktmechanismen der Innovation und des Wachstums weiter beschleunigt.[85] Wir drehen uns in einem Teufelskreis.[86]

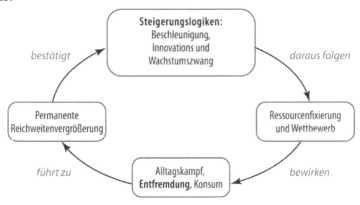

Steigerungslogiken als sich selbst erfüllende Prophezeiung
(in Anlehnung an Harmut Rosas *Resonanz*, 2016)

Wir strampeln uns ab im Hamsterrad des *höher-schneller-weiter*. Mit jedem *mehr* gibt es auch mehr Ausblick darauf, was wir noch nicht haben. Wir leben *im Schatten von morgen*, die Welt erweist sich als uneinholbar, als eine *runaway world*.[87] Das Unbehagen in der Instrumentalisierungskultur äußert sich im *Alltagsbewältigungsverzweiflungs-*

modus des kontinuierlichen To-do-Listen-Abarbeitens.[88] Es fühlt sich an, als ob wir eine Rolltreppe, die nach unten führt, in entgegengesetzter Richtung im Wettbewerb mit anderen hochhetzen, dabei aber nicht von der Stelle kommen, so Rosa. So mancher von uns mit einem Tinnitus als psychosomatischem Echolot des eigenen Stresspegels im Ohr. Wer erschöpft vom Laufen zu lange innehält, den zieht die ökonomische Rolltreppe gnadenlos abwärts.

Im rasenden Stillstand auf der ökonomischen Rolltreppe, im *jeder-für-sich-selbst* spalten wir uns immer mehr voneinander und von unserer ureigenen Natur ab, von unserer Menschlichkeit. So drohen wir zu den letzten Menschen im Sinne Nietzsches zu werden. Dekadent und uninteressiert schließen wir unsere Augen angesichts dessen, was wir heraufbeschworen haben: Ökologiekrise, Demokratiekrise und Psychokrise. Wenn der *foodwatch*-Gründer Thilo Bode die Diktatur der Konzerne anprangert,[89] wenn sich der inzwischen verstorbene Gründer der Drogeriemarktkette *dm*, Götz Werner, jahrzehntelang für ein bedingungsloses Grundeinkommen stark macht, wenn der langjährige Konkurrent *Schlecker* wegen seiner Arbeitsbedingungen in die Kritik und Insolvenz gerät,[90] wenn mit Dirk Rossmann der dritte große Wettbewerber einen Klimathriller veröffentlicht und auch Frank Schätzing und Eckart von Hirschhausen sich des Themas annehmen, dann lässt sich erahnen, wie eng Wirtschaft und Gesellschaft und wie unmittelbar das ökonomische und atmosphärische Klima miteinander verbunden sind, wie sehr die soziale und die ökologische Frage miteinander ringen. Wir befinden uns in einer natur- und menschheitsumfassenden Resonanzkrise. Ändern wir unseren Kurs nicht, steuern wir sehenden Auges auf ein kollektives Burnout zu, auf Einwicklung statt Entwicklung, auf Involution statt Evolution.

Transformation
In Resonanz sein

Von der Kassiererin im Drogeriemarkt bis zum Kommissionierer in der Lagerhalle, von den Fritteusen im Fast-Food-Gewerbe bis zu den

Headsets der Call-Center wird in neotayloristischen Gewändern den Lohnarbeitern noch heute das Gleiche abverlangt wie am Fließband vor einhundert Jahren: funktionieren und kassieren. Der Mensch hinter der Funktionsrolle wird dabei häufig weder gesehen noch gefördert. *„Der Arbeiter fühlt sich daher erst außer der Arbeit bei sich und in der Arbeit außer sich"*, so Karl Marx.[91] Die Trennung von Arbeit und Freizeit und die unbändige Vorfreude auf Feierabend, Wochenende und Urlaub rühren daher, dass sich so mancher erst im Verein und mit Freunden frei fühlt, sich so zu zeigen, wie er wirklich ist. Dass dem nicht notwendig so sein muss, dass freudlose Arbeit ohne Gemeinschaftssinn kein ungeschriebenes Gesetz ist, offenbart die Theorie Y.

Theorie Y

Douglas McGregor legte seiner Theorie Y der Theorie X antithetisch gegenüberstehende Annahmen über die Haltung und das Verhalten von Menschen auf der Arbeit zugrunde. Er konnte diese in einigen fortschrittlichen Betrieben seiner Zeit bereits beobachten und bekam sie auch von den Unternehmensvertretern bestätigt: Körperliche und geistige Anstrengungen werden in dieser Betriebspraxis als ganz natürlich und erfüllend angesehen. Selbstführung und Selbstkontrolle werden hier freiwillig ausgeübt. Die menschlichen Bedürfnisse nach Selbstwirksamkeit und Selbstverwirklichung lassen sich durch aktive Mitarbeit an den Unternehmenszielen unmittelbar realisieren, denn der Mensch übernimmt gern Verantwortung. Bei der Lösung betrieblicher Herausforderungen ist Kreativität eher die Regel als die Ausnahme. Kurzum: Der Mensch ist aus sich selbst heraus an der Arbeitsgemeinschaft, an der gemeinsamen Leistung und am Fortschritt interessiert. Mitarbeiter sind intrinsisch motiviert, sobald man ihnen die Rahmenbedingungen dafür gibt.

Douglas McGregor empfiehlt daher ein Management Y der Integration und Selbstkontrolle:[92] in der Selbstverantwortung der Angestellten lassen sich ihre persönlichen Bedürfnisse zumeist gut mit den betrieblichen Zielvorstellungen vereinbaren. Wenn die Führungskräfte eines Unternehmens ihren Mitarbeitern Handlungsspielräume zur

Partizipation geben, bemühen sich diese in der Regel nach besten Kräften. Sie möchten das in sie gesetzte Vertrauen nicht enttäuschen und die wohltuenden Entscheidungs- und Gestaltungsfreiräume nicht gefährden. Die Kollegen und Teams geraten miteinander in Schwingung, in einen Flow individueller wie kollektiver Potenzialentfaltung. Denn: *„Die vorausschauende Anerkennung menschlicher Fähigkeiten ist kein naives Wunschdenken, sondern eine schöpferische Kraft, die wir uns nur gegenseitig zur Verfügung stellen können"*, so die Philosophin Natalie Knapp.[93] *„Sie gibt uns Gelegenheit zu zeigen, was wir können, und ermöglicht uns zu werden, was wir noch nicht sind."* So bestätigt auch die Theorie Y ihr eigenes Menschen- und Weltbild, erfreulicherweise in einer positiven Spirale.

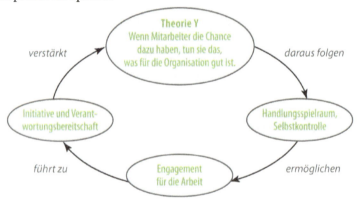

Theorie Y als sich selbst erfüllende Prophezeiung
(© Paul Bayer, CC BY 2.0 DE)[94]

Letztendlich basiert die Theorie Y auf Maslows humanistischer Motivationspsychologie, wie Douglas McGregor dem berühmten Abraham Maslow in einem persönlichen Brief erläuterte. Der Motor des Ganzen sind die sozialen Bedürfnisse nach Verbundenheit im Team, die Achtungsbedürfnisse nach Selbstwirksamkeit und Anerkennung sowie das Bedürfnis nach Selbstverwirklichung und Weiterentwicklung. *„‚Gesehen' zu werden, soziale Wertschätzung zu erhalten und sich zugehörig zu fühlen, sind Grundbedürfnisse, so wichtig wie die tägliche Nahrung"*, sagt der Neuropsychologe Joachim Bauer.[95] *„Resonanz zu* *erhalten, ist die tiefste Sehnsucht des Menschen.*" Wertgeschätzte Mitarbeiter zahlen das in sie gesetzte Vertrauen entsprechend durch Kreativität, Leistung und Verantwortungsübernahme zurück und stellen so ihre Vorgesetzten und ihr Unternehmen zufrieden. Wertschöpfung durch Wertschätzung und Wertschätzung durch Wertschöpfung – im gemeinsamen *Win-Win* schließt sich der Kreis.[96] Die Kooperation ist das menschliche Lebensprinzip:[97] *"Menschliche Gesellschaften sind Resonanzräume."*

Resonanz in der Selbstorganisationskultur

Anders als zu den Zeiten von Karl Marx lässt sich die Sehnsucht des Menschen nach Resonanz also sehr wohl auch während der Arbeit stillen. Hinter der Theorie Y von Douglas McGregor verbirgt sich so etwas wie die zweite Große Transformation.[98] *The Human Side of Enterprise*: *The Business of Business is not Business. The Business of Business is People.*[99] Selbstführung und Selbstorganisation gehören im Start-Up des 21. Jahrhunderts zur Betriebskultur. Aber auch etablierte Unternehmen schwenken inzwischen um, immer mehr Konzerne setzen ganz oder teilweise auf agile Teamarbeit.[100] Die Mitarbeiter werden zu Unternehmern im Unternehmen, zu *Intrapreneuren*.[101]

Sich in Vielfalt gemeinsam auszurichten und echtes Füreinander machen erfolgreiche Sportmannschaften ebenso aus wie resonanzsensitive Arbeitsgemeinschaften.[102] Dieser Aspekt des New Works ist für mich der wahre *VORSPRUNGatwork*. Lange hatte ich hiernach gesucht: nach einer ermutigend menschelnden Y-Umgebung, in der ich ganz aufgehen und zu demjenigen werden kann, der in mir steckt. Die unbeschreibliche Leichtigkeit des Seins, *"dass ein anderes Wir möglich ist. Ein Wir, dass niemanden zurücklässt"*, so die Kulturwissenschaftlerin Judith Kohlenberger.[103] *"Es ist ein Wir, in dem auch das Du und das Ich Platz haben."* In wahrer Verbundenheit wird wahres Selbstsein möglich.[104] Als Teil des Ganzen einfach ganz ich selbst sein zu können, beinhaltet für mich, den Gästen am megaheißen Tag der offenen Tür unsere Kreisorganisation mit Händen und bloßen Füßen näherzubringen, als einer der *Barefoot-Intrapreneurs at work*:[105]

Kreisnetzwerkorganisation *VORSPRUNGatwork*, 2018 (Fotos: *VORSPRUNGatwork*)[106]

Wir alle sind barfuß im Herzen. Sich frei und zugleich verbunden zu fühlen, wirkt wahre Wunder. Egal ob im Büro oder auf dessen Dach, ob beim gemeinsamen Yoga oder in der Ko-Kreation mit unseren Kunden.

Ein Tugendkreis aus Wahrhaftigkeit und Resonanz

Was die Start-Up-Gemeinschaft in Weinheim ausmacht, sind fünf gemeinsam gelebte Werte. Die Vorspringer sind dankbar, entschlossen, gestaltend, verbunden und wahrhaftig.[107] Die Wahrhaftigkeit ermöglicht Offenheit, wechselseitige Berührung und somit Resonanz. Es entsteht ein positiver Kreislauf, ein Tugendkreis der Verbundenheit und Gestaltungsfreude.[108]

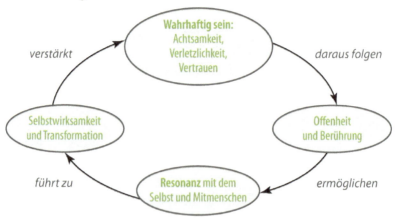

Wahrhaftigkeit als selbsterfüllende Prophezeiung

Resonanz ermöglicht eine Verwandlung des Miteinanders.[109] Authentizität ist der Weg zur Selbstwirksamkeit und zur Transformation. Positive Auswirkung breiten sich schnell auch über Unternehmensgrenzen aus. Wie bei *Einhorn*, einem Start-Up in Berlin, welches Kondome und Periodenprodukte vertreibt, die sozial- und umweltverträglich (*fairstainable*) produziert werden. Die Einhörner haben die ethische Ausgangsfrage des vorigen Kapitels in die praktische Realität übersetzt: Wie gestalten wir unsere Unternehmungen für alle positiv, unabhängig davon, in welcher Position der Wertschöpfungskette ein Mensch arbeitet?[110] Werden alle Stimmen in der Supply Chain mit ihren Bedürfnissen und Ideen gehört, wandelt sich diese zur Value Chain oder gar zum Value Network, zum Wertschöpfungs- und Wertschätzungsnetzwerk. Solch eine ansteckende, produktive Resonanzoase hat auch die biologisch-dynamische Landwirtschaftsinitiative *SEKEM* in der ägyptischen Wüste für inzwischen über 2000 Menschen erschaffen, sie nennen diese Fairstrickungen ihrer Ökonomie der Verbundenheit eine Wirtschaft der Liebe.[111]

Unser Miteinander entwickelt sich vom Schein zum Sein, von abhängiger Beschäftigung zu tauschlogikfreier Gleichwürdigkeit, von der Umwelt zur Mitwelt.[112] Unsere Ökonomie und Zivilisation befindet sich auf dem Weg zur *Vivilisation*.[113] Verlebendigung ist das entscheidende Wesenselement der Resonanz und des New Works.[114] Die Zeit ist reif, die Große Transformation durch eine noch größere abzulösen: *Du + Ich = Wir*, egal ob Jugend oder Alter, Arbeit oder Freizeit, Spielplatz oder Pflegeheim, U-Bahn oder Konferenzraum, lokal oder global. Jedes Mal, wenn wir uns *sowas von da* fühlen, spüren wir die Resonanz zwischen uns und unserem Umfeld.[115] Die soziale Energie der Resonanz steckt in dem magischen Wechselspiel der Berührung und Verwandlung von Ich, Wir und Welt.

„Wir können an der Qualität unserer Weltbeziehung noch heute zu arbeiten beginnen; individuell am Subjektpol dieser Beziehung, gemeinsam und politisch am Weltpol. Eine bessere Welt ist möglich, und sie lässt sich daran erkennen, dass ihr zentraler Maßstab nicht mehr das Beherrschen und Verfügen ist, sondern das Hören und Antworten."

Hartmut Rosa (*Resonanz*, 2016, S. 762)[116]

Zwischenfazit
Gestalten oder gestaltet werden

Die Welt ist ein einziger Spiegelpalast.[117] Ebenso wie das atmosphärische ist auch das soziale Klima durch erhebliche Rückkopplungseffekte gekennzeichnet. Wie man(ager) ins Team hineinruft, so schallt es auch heraus. Die innere Haltung und das eigene Menschenbild entscheiden darüber, in welcher äußeren Wirklichkeit wir leben und arbeiten. Organisationale Bedürfnisse nach Planbarkeit und Ordnung stoßen dabei auf zwischenmenschliche Bedürfnisse nach Verbundenheit und Verwirklichung. Im System des Wachstumszwangs und des permanenten Drucks droht die Arbeit nicht selten zur beziehungslosen Zweckgemeinschaft, zur Unternehmens*un*kultur zu verkommen: *Das Funktionieren wird zur Überlebensstrategie.*[118]

Der moderne Individualisierungsprozess entpuppt sich als Atomisierungsprozess gesellschaftlichen Wettbewerbs. Jeder kämpft für sich allein. Die mechanistischen Spielregeln lernen wir im vorgeblich humanistischen Bildungsideal der Schule: unseren Gehorsam gegenüber den sozialen Rollenerwartungen. Schule ist die Schulung zur Leistung. Doch *die Excelisierung des Lebens geht nicht auf,* der schubladisierte Perfektionismus entmenschlicht die Menschheit.[119]

Unser Wir ist nicht alles, aber ohne Wir ist alles nichts. Auf der sozialen Ebene gibt es im Kern nur ein einziges Problem zu lösen. Dieses hat es aber in sich: die Entfremdung zwischen uns und in uns. Das Zwischenmenschliche leidet an der Diktatur des Zwecks, die täglich weiter um sich greift. Was macht dieses System bloß aus uns und was machen wir selbst daraus, aus uns und aus dem System:[120] gestalten wir oder werden wir gestaltet?

P.S.: Wie sehen Sie sich selbst: sind Sie ein Mensch vom Typ X oder eher vom Typ Y? Und wie blicken Sie auf die Arbeitswelt: wieviel Prozent der Menschen sind nach Ihrer Schätzung vom Typ X?[121]

P.S. 2: Die abschließende Anekdote verdanke ich dem Vorspringer Bert Kruska, der sie mir eines Abends vor einem gemeinsamen Führungskräfte-Coaching bei einem Glas Wein kredenzte.

Ein alter Mann saß vor den Toren einer Stadt. Alle Menschen, die in die Stadt gingen, kamen an ihm vorbei. Da blieb ein Fremder stehen und wandte sich höflich an den Mann:
„*Du kannst mir sicher sagen, wie die Menschen in dieser Stadt sind?*"
Der Alte sah ihn lächelnd an: „*Wie waren sie dort, wo du herkommst?*"
„*Freundlich, hilfsbereit und großzügig. Sehr angenehme Menschen*", antwortete der Fremde.
„*Genau so sind sie auch in dieser Stadt!*"
Das freute den Fremden und mit einem Lächeln passierte er das Stadttor.

Wenig später trat ein anderer zu dem Mann und fragte ihn schroff:
„*Sag mir, Alter, wie sind die Menschen in dieser Stadt?*"
Der Alte fragte auch ihn: „*Wie waren sie dort, wo du zuletzt warst?*"
„*Furchtbar! Unfreundlich und arrogant.*"
Der alte Mann antwortete: „*Ich fürchte, so sind sie auch in dieser Stadt.*"

3
Ich
Persönliche Entwicklungen

2003. Bremen. Mein erster Job, als Projektmanager im Logistikbereich. *Learning by Doing*: ein älterer Kollege, der bislang die Großprojekte geleitet hat, bringt mir geduldig bei, wie man das macht. Er hat alles im Griff, begeistert sich sehr für die Planung der Lagerneubauten und ist immer gut gelaunt. Mit seiner Souveränität und seinem Zuspruch macht er mir viel Mut für meine ersten beruflichen Schritte und geht alsbald selbst in seinen wohlverdienten Ruhestand.

Auf seiner Geburtstagsfeier einige Monate später schildert er uns die Vorzüge seines Rentnerdaseins mit strahlenden Augen: er geht angeln, und zwar so häufig und so lange, wie er möchte. Endlich findet er die Muße, seiner Leidenschaft ausgiebig zu frönen. Rente gut, alles gut. Bis uns ein paar Wochen später die erschreckende Nachricht erreicht, dass unser Ex-Kollege ganz plötzlich verstorben ist.

Auf der Arbeit geht jedoch alles weiter seinen gewohnten Gang. Mein Weg im Management scheint vorgezeichnet: als *High Potential* will ich unbedingt Karriere machen. Um mich zu beweisen, arbeite ich jeden Tag zwölf Stunden und mache überhaupt nur zu dem Zweck Feierabend, damit der freundliche Mann vom Security-Dienst, der ansonsten noch auf mich warten müsste, ebenfalls Feierabend machen kann. Schon bald fliege ich für eine geplante Auslandsexpansion zweimal nach New York, wo mir ein Projekteinsatz als *Expat* winkt.[122]

Doch der Traum vom Big Apple und dem Flat in Brooklyn platzt. Stattdessen machen sich Erschöpfung und Unzufriedenheit in mir breit. Das Rumoren meines im Hamsterrad gefangenen Innenlebens betäube ich mit Musik, Fernsehen und Alkohol. Die Verdrängung der Schattenarbeit in die Schankwirtschaft und das Aufwachen mit dem Gisbert Blues Nr. 135:

> *Das Leben ist ein Kopfschmerz,*
> *und es wird Zeit, dass Du ihn spürst:*
> *hab keine Angst, er ist sehr schnell wieder vorbei.*
> *Und lauf ruhig Deine Runden,*
> *Du wirst schon sehen, wohin sie führen.*
> *Doch Dein Hirn mein Herz wird dadurch auch nicht leichter. (...)*
>
> *Und renn ruhig nach dem Glück,*
> *der alte Brecht hat's schon gesagt:*
> *Du rennst und rennst, und das Glück rennt hinterher.*
>
> Gisbert zu Knyphausen (*Verschwende Deine Zeit*, 2008)[123]

2008. Nach fünf Jahren auf der Überholspur des Managements ziehe ich die Reißleine und gönne mir erst einmal ein Sabbatical. Jetzt geht es um meine innere Reise. Ich werde offener für alternative Pfade, solche der Therapie, der ehrenamtlichen Lebens- und Sterbebegleitung und des Coachings. Kaum komme ich dem Sinn des Lebens dabei mal ein wenig näher, dann ist er auch schon wieder woanders – wie ein fliehendes Pferd.[124]

2013. Den Haag. *Haagse Hoge School (HHS)*. Mein erster Doppel-Job, halb als Dozent für Logistik und halb als Studiengangsleiter für Risikomanagement. Morgens um kurz vor acht trudeln die ersten Mitarbeiter und Studenten ein, die meisten kommen mit dem Fahrrad. In der Eingangshalle unter der imposanten Dachkuppel treffe ich auf einen lieben Kollegen im Pensionsalter. Auf dem Weg zu unserer Abteilung kommen wir ein wenig ins Plaudern. Ich klage über meine hohe Arbeitslast und frage ihn beiläufig, was denn bei ihm so auf dem Programm stünde. „*Schau, Thorsten: ich bin schon alt – ich mache nur noch Dinge, die mir Spaß machen.*" Wow! Was wäre, wenn auch ich nur noch Dinge machen würde, die mir Spaß machen und damit nicht bis zur Rente warte? Das Schreiben dieses Buches ist ein Versuch, genau das zu tun. Schließlich gilt meine Leidenschaft schon sehr lange den Büchern und der Musik. Nun probiere ich, die Dinge so zu machen, wie ich sie gerne hätte. Bis jetzt fügen sie sich.

Wachstum
Der Lauf des Lebens

Jeder Mensch bekommt für seinen Lebensweg einen Wanderrucksack voll biologischer und kultureller Basisausstattung mit auf die Reise, die Gene und die Meme. Das Ich ist zuallererst das Produkt seiner Gene. Durch die Resonanzbeziehung im Kleinkindalter wird es aber auch neurobiologisch zum Produkt seiner Eltern. *Zwei Menschen gehören zur Erzeugung des Menschen – des geistigen sogut wie des physischen.*[125] Über das elterliche Du und das familiäre Wir wird auch das Ich ein Produkt der überlieferten *Meme*, der kulturellen Erinnerungen (*memories*): der geläufigen Überzeugungen und sozial anerkannten Verhaltensmuster und Werte. Kontinuierlich wird das Ich durch über ihm stehende Gebote und Verbote beeinflusst, Sigmund Freud spricht daher auch vom *Über-Ich*.[126] Diese kulturelle DNA wird von Generation zu Generation leicht modifiziert weitergegeben und als jeweiliger Zeitgeist wie die Gene evolutionär vererbt und weiterentwickelt.[127] Zwischenmenschliche Verstrickungen prägen unsere innermenschlichen Ver- und Entwicklungen.[128] Jedes Ich ist unaufhebbar eingebettet in ein Wir.[129]

Eingebettet im Wir des Zeitgeists

Wie ihre tierischen Vorfahren lebten die Menschen Hunderttausende von Jahren in Stammesverbänden als Jäger und Sammler. Sie kannten weder den Begriff der Arbeit noch die Frage nach einem Sinn im Leben außerhalb ihres existenziellen Überlebens. Mit der Neolithischen Revolution wurden sie vor etwa 10.000 Jahren nach und nach zu sesshaften Ackerbauern und steckten all ihre Kraft in die Bewirtschaftung von Boden und Vieh. Die Natur wurde zur Ressource und der Mensch zur Arbeitskraft: mit der Erfindung der Arbeit domestizierte er sich selbst. Sein Verhältnis zur Natur, zum Miteinander und zum Überirdischen begann sich zu wandeln, viele Narrative und Entfremdungserscheinungen der Moderne haben hier ihren Ursprung.[130] Bei den alten Griechen und Römern wurde die Arbeit ausschließlich von abhängigen Bauern und Sklaven verrichtet und war unmittelbar mit Unfreiheit verknüpft. Seit der Industriellen Revolution vor etwa 250 Jahren wird sie nahezu gleichgesetzt mit Lohnarbeit, aber auch Berufszwang. Bis heute verkauft der Mensch seine Lebensarbeitszeit zur Finanzierung seines Privatlebens und seiner Freizeit: er arbeitet, um zu leben. Fast unmerklich wird die Arbeit aber auch zum Selbstzweck, der Berufsmensch lebt, um zu arbeiten:[131] *Labora, ergo sum - ich arbeite, also bin ich.*

Das spätmoderne Ich verdingt sich nicht mehr als Vieh- und Ackerbauer, sondern als Auto-, Maschinen-, Dienstleistungs- oder Websitebauer. Dabei manifestiert sich eine Art Lohnsklavenschaft und nicht selten auch eine Sinnentleerung.[132] Und das keineswegs nur in der schon von Marx adressierten klassischen Ausbeutung am laufenden Produktionsband, sondern durchaus auch in der Scheinfreiheit freelancender Digitalnomaden am Laptop.[133] Direkte oder indirekte Lohnarbeit zum Broterwerb und ein mancherorts ursprünglich calvinistisch geprägter Arbeitsethos dominieren unterschiedlich subtil noch immer den sich digital beschleunigenden Zeitgeist einer inzwischen globalen Konsumkultur.[134]

Das anerkennungsgeleitete Ich versteht sich dabei im vorauseilenden Gehorsam möglichst gesellschaftskonform zu verhalten.[135] „*Wir sind zu Konformisten geworden, die in der Illusion leben, Individuen mit eigenem Willen zu sein*", konstatierte Erich Fromm 1941 in *Die Furcht vor der Freiheit*.[136] Jedes Ich ist nicht nur äußerlich – auf der Arbeit, in der Familie, im Verein – sondern auch innerlich immer auch ein Wir: Entfremdungs- oder Resonanzerlebnisse aus dem Elternhaus und den Peergroups werden größtenteils unbewusst übernommen. Die gesellschaftlichen Erwartungshaltungen des sozialen Umfelds manifestieren sich als internalisierte Glaubenssätze im inneren Bedürfnisparlament des Ichs. Feste Abgeordnetensitze haben hier in der Regel der innere Antreiber (*ich muss*), das innere Kind (*ich will*) und der innere Kritiker (*ich sollte*). Weitere typische Vertreter sind der innere Pragmatiker (*ich mache*) und der innere Ermöglicher (*ich könnte*). Die vielen inneren Parlamentarier im eigenen Ich sind nicht immer leicht unter einen Hut zu bringen. Einige innere Anteile lehnen sich in gewissen Lebensphasen auch komplett zurück, anstatt sich auf eine langfristige Regierungsbildung zu einigen.

Spätestens ab der Pubertät versucht sich das durch die Sozialisation zerlegte (*dividierte*) Ich an der Entbettung aus den memetisch übernommenen Konventionen. In der Individuation versucht es, die beunruhigende innere Pluralität – *wer bin ich, und wenn ja, wie viele?* – zu überwinden und seine Unteilbarkeit, die sich auch im Begriff des Individuums versteckt, wiederherzustellen.[137] Im Laufe der persönlichen Reifung formieren sich die Parlamentarier nach und nach zu einer tragfähigen Koalition, zu einem inneren Team, das mit einer moderierenden Stimme spricht.[138] Im Idealfall stimmen die sich daraus ergebenden äußeren Rollen in der Familie, im Beruf und in der Freizeit irgendwann in etwa mit den inneren Bedürfnissen überein. Doch bis zur Versöhnung von Sollen und Wollen, von äußeren und inneren Stimmen, bis zur Stimmigkeit von Wir und Ich, kann es ein langer Weg sein. Die Grundlagen für unsere Beziehungsfähigkeit mit uns selbst und mit der Welt werden in der Kindheit gelegt, welche ein Leben lang als inneres Kind und als Maß an Urvertrauen in uns fortlebt.

Kinder- und Erwachsenenspiele

1975. Mühlen. Kindergarten. Wie jeden Tag spiele ich vergnügt mit den anderen Kindern. Und wie jeden Tag laufe ich irgendwann zu meiner Kindergärtnerin und schaue sie erwartungsvoll an: *„Fräulein Gertrud: einmal drücken!"* Vier eindringliche Worte meines vierjährigen Ichs. Und dann waltet Fräulein Gertrud ihres Gärtnerinnenamtes, nimmt mich in ihre Arme und drückt sanft zu. Genau wie ich mir es wünsche. Allmählich löst sie ihre Umarmung wieder. Geschwind wie der Wind sause ich zurück zu den anderen. Junge, Junge, was hatte ich das seinerzeit doch gut auf der Reihe mit meinen Bedürfnissen. Den ganzen Tag lang nur spielen und zwischendurch mal in den Arm genommen werden. Denn nachmittags ging das Spielen munter weiter. Mit meinen Geschwistern rund um unser Haus und mit den Kindern aus der Nachbarschaft in unserer Straße.

Und immer mal wieder auch an der *Bäke* ganz in der Nähe. Am Lauf des Bachs bin ich groß geworden, frei und wild wie ein Indianer, wie der kleine *Blauvogel* aus dem Kinder- und Jugendbuch, der eigentlich Georg hieß. „*Dummkopf*" neckten ihn die anderen Kinder, wenn er wieder einmal nicht kapierte, dass es bei den Irokesen kein Privateigentum und damit auch keinen Diebstahl gab, sondern alles allen gehörte und man aus der Natur und aus den Vorräten nur so viel nahm, wie man benötigte. Für Blauvogel war dies eine völlig andere Welt, denn er lebte erst seit kurzem unter ihnen, in der *Schildkrötenfamilie* im *Langen Haus*, nachdem er als Sohn weißer Siedler den Indianern in die Hände gefallen war. Der Wechsel zwischen den beiden Kulturen, Cowboys und Indianern, fiel ihm deutlich schwerer als mir alljährlich zum Karneval.

Blauvogel und ich: zwei Cowboys mit Indianerherz
(Buchcovergrafik: Martha Hofmann-Ptak)

1982. Holdorf. Orientierungsstufe. Unsere Klassenlehrerin schenkt mir das Buch *Blauvogel* zum Trost, weil ich krankheitsbedingt den schulweiten Lesewettbewerb verpasst habe. In der Orientierungsstufe geht es in den Klassen 5 und 6 um unsere nächste Zukunft: wer von uns zur Haupt- oder Realschule kommt und wer eine Gymnasialempfehlung erhält. Bei mir wird es das Gymnasium. Im Laufe der Jahre ist mir dort mein naturverbundenes, unbeschwertes Indianerherz ein wenig abhandengekommen. Ein norddeutscher Cowboy, der als Sohn eines Kälbermästers in einem katholischen Umfeld aufwächst, orientiert sich beizeiten weniger am natürlichen Lauf der Jahreszeiten, der Sonne und der Tiere als am planmäßigen Gang der Institutionen, deren prägendste neben der Kirche die Schule ist. Aus dem kleinen Leser wird ein großer Streber, an die Stelle der Kinderliteratur tritt die Leistungskultur der Erwachsenen.

1989. Vechta. Berufsinformationszentrum. Der nächste institutionalisierte Entscheidungspunkt. Kurz vorm Abitur ist mein inzwischen 18-jähriges Ich pro forma zwar reif für die Hochschule, hat aber de facto absolut keinen Plan, was es studieren könnte. Der Berufsberater fragt mich, was ich in der Schule besonders gut könne, was mir denn am leichtesten falle. *„Mathematik vielleicht"*, antworte ich. Da gäbe es zwei neue Studienrichtungen, Technomathematik und Wirtschaftsmathematik. Für Technik interessiere ich mich kein bisschen. Für Wirtschaft zwar auch nicht, aber sie erscheint mir in dem Moment als das kleinere Übel. Dass mich beides nicht wirklich reizt, getraue ich weder mir selbst noch ihm einzugestehen. Damit ist in knapp zehn Minuten, einer *Dalli-Dalli*-Version dessen, was man heute als Studiengangsberatung bezeichnen würde, darüber entschieden, wie es mit meinem Leben weitergeht. Die Überforderung durch den Wald der Optionen ist abgewendet, im Handumdrehen ist die Welt bezwungen, gezwungen, nicht mehr gar so weit offenzustehen.[139]

1996. Hamburg. Universität. Diplomabschluss der Wirtschaftsmathematik. Mein 25-jähriges Ich weiß immer noch nicht so recht, was es mit seinem Leben eigentlich anfangen soll. Letztendlich lasse ich alles beim Alten und verschanze mich weiter im Elfenbeinturm der Uni, indem ich ein Promotionsstudium der Logistik dranhänge.

2003. Bremen. Logistikmanagement. Für mein frisch promoviertes 32-jähriges Ich ist der Berufseinstieg nunmehr unausweichlich. Im Bereich Projektmanagement planen meine Kollegen und ich hochautomatisierte Hochregalläger für die Supply Chain, für die wöchentlichen Warenströme aus Fernost. Es werden die größten Läger in Europa, für fast 200.000 Europaletten. Die für den Bau erforderlichen Bagger sind so unfassbar viel größer als die Spielzeugversionen in meiner Kindheit. Und statt im Sandkasten zu spielen, stehe ich nun mit Anzug und Helm auf der Großbaustelle.

Dabei hat mein Chef gar nicht so unrecht, wenn er unsere Arbeit als Erwachsenenspiele bezeichnet. Denn am Verhandlungstisch wie auf der Baustelle ziehen alle Beteiligten theaterreife Rollenspiele auf: jedem einzelnen der Bau- und Lagerarbeiter, Dienstleister und Manager, jedem Ich wird dabei unmissverständlich signalisiert, wie es zu erscheinen, was es zu entscheiden und zu leisten, was es zu tun und zu lassen hat. *Jegliches soziale Miteinander beinhaltet eine Ritualisierung wechselseitiger Kontrolle.*[140] Schon rein äußerlich unterstreiche ich dabei mit Anzug und Krawatte meinen Karriereanspruch. Selbst die eigenen Kollegen halte ich mit einem formellen *Sie* auf Abstand. Dabei entfremde ich mich nicht nur von ihnen, sondern auch von mir selbst, dem kleinen Indianerjungen tief in mir drinnen, der nur spielen und gedrückt werden will. Kein Wunder also, dass ich 2008 kündige, weil mir irgendetwas Wesentliches fehlt, und mich in Therapie und in ein Sabbatical begebe.

Bedürfnisse machen bedürftig

Der Lauf des Lebens lässt sich bis hierhin recht einfach zusammenzufassen. Als Baby dreht sich alles um basale Bedürfnisse wie Essen, Schlafen und die elterliche Geborgenheit. Das kindliche Ich orientiert sich dann zunehmend an seiner Peergroup, will in der Schule und beim Fußball einfach dazugehören. Und auch beim Start in den Beruf geht es primär um das Gesehen-Werden. Hinter diesen Stufen der Persönlichkeitsentwicklung verbergen sich die vier Mangelmotivationen, die Abraham Maslow als die Grundbedürfnisse des Ichs ausgemacht hat:

die Existenzbedürfnisse nach Essen, Trinken und Schlaf, die Sicherheitsbedürfnisse nach materieller Versorgung und verlässlichen Regeln, die Zugehörigkeitsbedürfnisse nach Freundschaften und Gruppen sowie die Anerkennungsbedürfnisse nach Wertschätzung und Zustimmung. Sobald eine dieser elementaren Bedürfnisgruppen weitestgehend befriedigt ist, übernehmen die nächsthöheren Bedürfnisse das Kommando und motivieren den Menschen in der anschließenden Entwicklungsphase.[141]

Ob und wann sich ein Mensch die jeweilige Bedürfnisebene erfüllen kann, hängt ganz wesentlich von der Herkunft und dem Umfeld ab. Bei elementaren Bedürfnissen nach materieller Mindestausstattung und rechtlicher sowie intellektueller Gleichberichtigung geht es um grundlegende Rechte und die Würde des Menschen. Diese sind in armen Teilen Afrikas, aber auch andernorts noch immer nicht für alle gegeben. Hier greift Kate Raworths Forderung nach weltweiter Erfüllung dieser sozialen Untergrenzen als das gesellschaftliche Fundament in ihrem Donut-Modell.

Inwieweit das einzelne Ich schließlich auch beruflich dazugehört und die Anerkennung und den Freiraum bekommt, den es sich wünscht, ist zu einem großen Teil dem Betriebsklima geschuldet, dem jeweils vorherrschenden Menschenbild. Wird der Mensch nur als ein Produktionsfaktor angesehen, welcher in vertikalen Beziehungen herumkommandiert und kontrolliert wird, verliert er gemäß der Theorie X schnell die Freude und die Lust am Spiel. Der Mensch entfremdet sich dann der Arbeit, den Kollegen und sich selbst. Vertraut ein Unternehmen hingegen seinen Mitarbeitern und gibt ihnen die Freiräume, die Aufgaben in Teamarbeit selbstverantwortlich zu erledigen, sind diese gemäß der Theorie Y viel motivierter. Denn Douglas McGregor hatte erkannt, dass jedes Ich für seine Arbeit eben jene heißersehnte Wertschätzung erfahren will: in horizontalen Beziehungen auf Augenhöhe.

Jegliche äußere Beachtung dient der Selbstachtung, jegliche äußere Bestätigung der Selbstbestätigung, jegliche äußere Würdigung der Selbstwürdigung. Jede Anerkennung gibt dem Ich äußeren und inneren Halt.[142] Jeglicher Misserfolg und jegliches Misstrauen lassen es aber auch schnell wieder an sich selbst zweifeln. *Bedürfnisse machen bedürftig.*[143] Wenn sich der eigene Selbstwert zu sehr über die Bewertung durch andere definiert, wenn das Ich seiner selbst ohne äußeren Applaus und Scheinwerferlicht nicht mehr sicher ist, sind die Grenzen gesunden Lebens und Strebens bereits überschritten.

Grenzen
Die Enden des Strebens

Fast jedes heranwachsende Ich fühlt sich gelegentlich minderwertig im Vergleich zu dem, was die älteren Kinder und die Erwachsenen alles zu tun vermögen. Stetig lernt es jedoch dazu, schaut sich dieses und jenes ab und strengt sich an, selbst eine anerkannte Position im Familien-, Schul- und später Arbeitsumfeld zu erlangen.[144] Fest eingebettet im kollektiven Wir nimmt die Karriere und oft auch die Gründung der eigenen Kleinfamilie ihren vorhersehbaren Lauf. Unser Leben wird lange Zeit vor allem durch die Mangelbedürfnisse der Existenz- und Beziehungssicherung angetrieben. Dabei lauert allerdings stets die Gefahr, der auch ich im Berufsinformationszentrum erlegen bin: fremdgesteuert zu werden wie eine Schachspielfigur.[145]

Selbstentfremdung im *LemmingWay*

Wie die Lemminge folgen wir vielfach dem vorgezeichneten Weg der Konventionen, *wie man das bei uns halt so macht,* und fügen uns den Ansprüchen des Zeitgeists. Die Dressur des Menschen erfolgt durch Belohnung und Bestrafung im System der Erziehung, welches nahtlos in das System der Arbeit mit Lob und Tadel übergeht. Unser wohltrainiertes Ich antizipiert die äußeren Erwartungen an seine Rollen schon bald im Voraus.[146] Jedem Ich dürstet nach Anerkennung und mit der Zeit wird es in gewisser Weise davon abhängig und ein Stück weit unfrei.[147] Die internalisierten Stimmen des äußeren *Man* übernehmen die Macht im Bedürfnisparlament des Ichs. Der Systemgehorsam und das Gefühl des Gebrauchtwerdens dienen als Alibi für die eigene Existenz. Das Ich lebt manchmal mehr für die anderen als für sich selbst.

Welche Gestalt solche ferngesteuerten Existenzen annehmen können, habe ich auf der Autobahn erfahren. Als ich Anfang der 1990er in Karlsruhe Wirtschaftsmathematik studierte, trampte ich am Wochenende häufig über die A5, die A45 und die A1 in Richtung Norden, um dort meine Familie und Freunde in der alten Heimat zu besuchen. Beim Autostopp wurde ich in der Regel von irgendwelchen Geschäftsleuten mitgenommen, die viel unterwegs waren und übers Wochenende heim zur Familie pendelten. Dabei wurden sie gesprächig und berichteten mir aus ihrem Leben. Bald schon ahnte ich, was da kommt, so sehr ähnelten sich ihre Biografien: *jung in den Job eingestiegen – ein Haus gebaut – geheiratet und Kinder bekommen – ständig unterwegs für die Arbeit – die ganze Woche von der Familie getrennt – viel Stress im Beruf – wenig vom Aufwachsen der Kinder mitbekommen – äußerlich zwar erfolgreich, innerlich aber ausgebrannt.*

Das berufliche Hamsterrad erscheint von innen betrachtet zunächst wie eine Karriereleiter, doch irgendwann erlischt die Illusion.[148] Beruf und Familie fordern ihren Tribut, Karriere und Kinder sind nicht so leicht zu vereinbaren. Dem Steuerrad des Lebens fehlt nicht selten eine geschmeidige Servolenkung. Über den alltäglichen Verpflichtungen verstreicht im *LemmingWay* die eigene Lebenszeit und sinkt schleichend auch die Lebensfreude. So wie bei dem typischen Vertreter, der mich am späten Freitagnachmittag noch bis vor die Haustür meiner Eltern fuhr, obwohl das für ihn einen beträchtlichen Umweg bedeutete. Weshalb er das tue, obwohl es ihn viel Zeit koste, fragte ich ihn und erntete nur ein müdes Achselzucken: wann er ankomme, sei doch egal, darauf freue sich daheim eh keiner mehr. Ein Fremder im eigenen Heim.

Die Autobahn des Lebens hinterlässt ihr Spuren. Festgefahren in der Schleife des Strebens nach Anerkennung wird das Ich durch die Fremdsteuerung zur Selbstverdinglichung genötigt. Eine repräsentative – sprich erwartungskonforme – Selbstdarstellung wird dabei immer wichtiger. Das Ich verkommt zur Ware, verkauft wie Timm Thaler sein eigenes Lachen und wird sich und seinen Nächsten fremd.[149] Im Autopilotmodus, gefangen im Korsett der alltäglichen Leistungs- und Darstellungsroutinen, verliert das Ich den Kontakt zum eigenen inneren Kind und zum inneren Kind im Anderen. Äußere Zwänge werden zu inneren Zwängen.

Das stählerne Ego und der von Erich Fromm entlarvte verinnerlichte Sklaventreiber, der Feind in uns selbst namens Gewissen und Pflichtgefühl, Freuds Über-Ich, trennen das Ich von seinen ureigenen wahren Bedürfnissen. Unser unterdrücktes Innenleben zeigt sich im unwahrhaftigen Beziehungsleben im Beruf, in Freundschaften und in der Liebe. Als kreative Originale geboren, drohen wir als unglückliche Kopien zu sterben.[150] Die Selbstentfremdung von den eigenen Bedürfnissen in seelenloser Selbstausbeutung kann zum Burn-Out, zur Depression oder andere Lebenskrisen führen. Zuweilen sendet der eigene Körper die Warnsignale, so auch bei mir. Wenn wieder einmal der Druck, die Diskrepanz zwischen äußeren Anforderungen und inneren Bedürfnissen, zu groß wird, entzünden sich bei mir schlagartig die Gehörgänge. Sie sind dem erforderlichen Druckausgleich dann nicht mehr gewachsen und mahnen mich, weniger nach außen und mehr nach innen zu lauschen. Das Sollen und das Wollen, mein innerer Sklaventreiber und mein inneres Kind, befinden sich schmerzlich spürbar im Widerstreit.

> *„Unzufriedenheit und Unruhe entstehen, wenn der einzelne nicht das tut, wofür er, als Individuum, geeignet ist. Musiker müssen Musik machen, Künstler malen, Dichter schreiben, wenn sie sich letztlich in Frieden mit sich selbst befinden wollen. Was ein Mensch sein kann, muss er sein. Er muss seiner eigenen Natur treu bleiben. Dieses Bedürfnis bezeichnen wir als Selbstverwirklichung."*
>
> Abraham Maslow (*A Theory of Human Motivation*, 1943, S. 382 f.)

Selbstverwirklichung im *MyWay*

Jedes Ich ist ein präexistenzieller Dichter oder Maler, Tischler oder Lehrer oder was auch immer und immer auch ein Lebenskünstler.[151] Der Verwirklichung des Selbst als Ruf des eigenen Herzens zu folgen, ist das Grundmotiv von Abraham Maslow. Dabei spricht er von *self-actualization*, von der Realisierung und dem Ausleben dessen, was im Inneren bereits vorbereitet ist.[152] In sich eingefaltet wartet das wahre Selbst nur auf seine Entfaltung. Denn erst, wenn das Ich das tun kann, was es wahrhaftig will, ist es im Flow und gerät dadurch in einen Zustand der Selbstvergessenheit. Wenn es in der Berufung seine Talente voll ausleben und dabei zum Ausdruck bringen kann, was an Möglichkeiten und Verlangen in ihm steckt, lebt das Ich ganz im Einklang mit sich und der Welt.

Mit diesem Menschen- und Weltbild gilt Abraham Maslow als Mitbegründer der humanistischen Psychologie. Innerhalb der Psychologie, der Lehre (*logia*) von der Seele (*psyche*), vertritt die humanistische Strömung das konstruktivistische Credo der Entfaltung schöpferisch miteinander verbundener Persönlichkeiten: der Mensch ist *im Grunde gut* und gestaltet seine eigene Existenz sozial und proaktiv.[153] Er ist nicht nur mangel-, sondern darüber hinaus auch metamotiviert, sofern man ihm die Freiheit gibt.

Ein praktisches Beispiel zeigte sich Anfang der 1980er Jahre in den USA, als bei General Motors die Hälfte der Arbeitsplätze am Produktionsband der Autoindustrie aufgrund der Automatisierung wegzufallen drohte. Zusammen mit den Arbeitern fand der pragmatische Philosophieprofessor Frithjof Bergmann eine solidarische Lösung: jeder arbeitete fortan nur noch die Hälfte des Jahres in der Fabrik, so dass niemandem gekündigt werden musste. In der anderen Jahreshälfte konnten die Arbeiter herausfinden, was sie *wirklich, wirklich* tun wollten.[154] Denn *„nicht wir sollten der Arbeit dienen, sondern die Arbeit sollte uns dienen"*, befand Frithjof Bergmann.[155] *„Im Krankenhaus des Lohnarbeitssystems erfahren die Menschen ihre Arbeit als eine ‚milde Erkrankung'."* Seine Alternative: *„Die Arbeit, die ich und die Du wirklich und wahrhaftig wollen, hilft Dir, ‚der zu werden, der Du bist' (Nietzsche)."*

Wie wurde Frithjof Bergmann selbst zu demjenigen Ich, welches einer *Neuen Arbeit* und einer *Neuen Kultur* den Weg ebnete? Alles begann mit einem Aufsatz zur *Welt, in der wir leben wollen*, den der 18-jährige Frithjof 1949 in seiner Heimat Österreich bei einem Wettbewerb der US-Botschaft einreichte. Damit gewann er ein Studienjahr in Oregon und kehrte danach nicht nach Europa zurück. Wie so viele andere Einwanderer auch schlug er sich mit diversen Gelegenheitsarbeiten durch: als Tellerwäscher, Preisboxer, Hafenarbeiter sowie als Schreiber von Theaterstücken. Und begann ein Studium der Philosophie an der Eliteuniversität Princeton, unterbrach es dann aber für fast zwei Jahre, um in einem *Walden*-Experiment als Selbstversorger in den Wäldern von New Hampshire zu leben.[156] Nach der Rückkehr an die Uni beendete er sein Studium, promovierte über Hegel, wurde Professor und veröffentlichte 1977 *On being free - Die Freiheit leben*.

Bei einigen Reisen in den Ostblock und während der Krise der Automobilindustrie in Amerika entdeckte Bergmann eine gemeinsame Schwäche beider Systeme: weder im Sozialismus noch im Kapitalismus ist der Arbeiter frei, das zu tun, was er wirklich tun möchte und seine ureigenen Potenziale zu entfalten. So nahmen die von Bergmann begleiteten Automobilarbeiter ihr Schicksal selbst in die Hand und widmeten sich ebenjener essenziellen Frage, wie sie *wirklich, wirklich* arbeiten und leben möchten. Dafür gründete Bergmann 1984 in Flint in Michigan ein *Zentrum für Neue Arbeit*. Dieses Selbstfindungs- und Gründungszentrum markierte die Geburtsstunde des New Works. Das Leben als Entdeckungsreise der eigenen Berufung und des wahren Selbst: *New Work needs Inner Work*.[157]

Für den an Heiligabend 1930 in Sachsen geborenen Frithjof Bergmann schloss sich der Lebenskreis zu Pfingsten 2021, als er im Alter von 90 Jahren in Michigan starb, genau in jener Zeit, in der ich an diesem Kapitel schrieb. Jedem Ich sein ureigenes *MyWay* zu ermöglichen, war sein zentrales Ansinnen. Mit seinem Lebenswerk adressierte er jene innere Blockade, die nicht wenige Menschen von der Selbstverwirklichung abhält: die Frommsche Furcht vor der Freiheit jenseits der fremdgesteckten Grenzen des *LemmingWays*. Es ist die Furcht vor der eigenen Einzig- und Großartigkeit, vor dem verlebendigenden Grenzgang im *MyWay*.[158] Und die Angst vor der im Lebendigen umso spürbareren finalen Grenze, die noch dahinter lauert: dem Lebensende.

Selbstvergänglichkeit

Das Leben ist wie eine Bergwanderung. Zunächst geht es lange Zeit vor allem nur eines: aufwärts. Vom Berggipfel aus überblickt das Ich die jeweils folgende Etappe, den Bergkamm oder das Tal, welches es bis zum nächsten Anstieg zu durchwandern gilt. Irgendwann fällt dem Ich auf, dass von der Wanderstrecke gelegentlich steile Kletterstiege in die karge Felslandschaft hinaufragen, versehen mit einem mysteriösen Hinweisschild: *zur Aussicht auf das Ende des Lebens*. Diese am Anfang des Lebensweges noch seltenen Schilder ignoriert das Ich zunächst. Solange es noch jung ist, will es von solchen Exkursionen nichts wissen. Auch in seinen mittleren Jahren verdrängt es die wiederkehrenden Hinweise, schließlich ist es ja auch viel zu beschäftigt. Mit zunehmendem Alter jedoch tauchen die Schilder gefühlt hinter jeder zweiten Wegbiegung auf. Dunkle Wolken verdichten sich als Vorboten drohenden Unheils. Wir alle leben im Schatten der persönlichen Apokalypse, im Schatten unseres eigenen Todes.[159] *Das Leben ist ein vorübergehender Zustand, ein die menschliche Lebensfrist dauerndes Sterben.*[160] In der Sanduhr unserer Lebenszeit rieseln die Körner keineswegs unaufhörlich, sondern ist *jeder Tag mehr auch ein Tag weniger.*[161]

Wir streben unser ganzes Leben nach Sicherheit, doch die einzige Sicherheit, die uns bleibt, ist die, dass wir sterben werden. *Keiner von uns kommt hier lebend raus.*[162] Jedes Sein ist nach Heidegger unausweichlich ein Sein zum Tode. Die Sanduhr kann jederzeit zerbersten. Sie ist in jedem Fall unumkehrbar und eines Tages abgelaufen. Am Schluss steht immer ein Schluss. Unser Ego tendiert dazu, den Gedanken an seine *Todesverflochtenheit* so lange wie möglich auszublenden. Denn *der Tod ist die invertierte Individualität.*[163] Also vermeiden wir die unbequemen Bergetappen mit den lebensbedrohlich wirkenden Kletterstiegen zur Erkundung der Selbstvergänglichkeit solange wir nur können.[164] Im möglichst schmerz- und angstfreien Flachland der *Palliativgesellschaft*, die mit dem Tod auch den Schmerz und die Schattenarbeit ausklammert, vegetieren wir fleißig arbeitend und emsig konsumierend vor uns hin.[165] Im Ego-Tunnel des Alltags befinden wir uns dabei insgeheim auch auf der Flucht vor unserem wahren Selbst.[166] Denn gerade in echter Lebendigkeit lauert immer auch die Gefahr, ihres Gegenpols gewahr zu werden, dem Ende aller Lebendigkeit, dem eigenen Tod und der damit drohenden Bedeutungslosigkeit.[167].

Da verwundert es nicht, dass wir uns bewusst oder unbewusst verschiedenen Lebensvermächtnissen widmen, die uns überdauern und auf gewisse Weise unsterblich machen sollen. Eigene Kinder, die Anhäufung von Ruhm und Reichtum sowie als letzte Zuflucht der religiöse Glauben mit seiner Aussicht auf ein ewiges Leben nach dem Tod dienen uns als Unsterblichkeitsillusionen.[168] Doch letztlich sind alle

Glücksversprechen Lügen, denn Glück ist schließlich eine Kontrasterfahrung. Jedes vermeintliche Paradies verliert umso mehr seinen Reiz, je länger es andauert.[169] Der Wert des Lebens wird durch seine Begrenztheit keineswegs vermindert, wie der Glaube glauben macht, sondern im Gegenteil erst erschaffen.

„Die Tatsache und nur die Tatsache hingegen, dass wir sterblich, dass unser Leben endlich, dass unsere Zeit begrenzt ist und unsere Möglichkeiten beschränkt sind, diese Tatsache ist es, die es überhaupt sinnvoll erscheinen lässt: etwas zu unternehmen, eine Möglichkeit zu nutzen und zu verwirklichen, zu erfüllen, die Zeit zu nutzen und auszufüllen. Der Tod bedeutet den Zwang hierzu. So macht der Tod erst den Hintergrund aus, auf dem unser Sein eben ein Verantwortlichsein ist."

Viktor Frankl (*Über den Sinn des Lebens*, 2019, S. 47)[170]

Der Tod ist die Differenz, die das Leben lebenswert macht. Leben ist nichts anderes als der wunderbarerweise aufgeschobene Tod.[171] Umwege mit der Aussicht auf den Tod bereichern die Selbstkenntnis und damit das Leben.[172] *Sterben lernen heißt leben lernen.*[173] Durch die Bejahung des Todes als ultimativer Bestandteil des Lebens gelangt der Mensch zur Bejahung des Lebens in seiner möglichen Fülle und sinnstiftenden Gestaltbarkeit. Wenn das Leben die Hypothese und der Tod die Antithese stellt, liegt im Sinn die Synthese.[174] Durch die Bewusstwerdung der eigenen Endlichkeit, durch die Beschränktheit der eigenen Lebenszeit, wird jeder Moment unendlich kostbar.[175] Die einzige Ewigkeit, die dem Menschen gegeben ist, ist das Hier und Jetzt.[176]

Selbst die Möglichkeit eines Lebens nach dem Tod sollte dem Leben vor dem Tod nicht die Möglichkeiten nehmen.[177] Träume sind dazu da, um gelebt zu werden. Jeder einzelne Tag, den wir im bewussten Sinne verleben und zu einem guten machen, jedes Sandkorn, das wir im Herzen einrahmen mögen, trägt zu einem gelingenden Leben bei. Am Ende zählen weniger die Tage im Leben als vielmehr das Leben in diesen Tagen – in seiner Vielfalt, Verbundenheit und Lebendigkeit. Wenn wir einen Tag im besten Sinne verbringen, im Kleinen das Große vollenden und im Großen auch das Kleine schätzen, ist dieser Tag mehr kein Tag weniger, sondern wirklich ein Tag mehr. Es geht nicht nur darum, wie alt man wird, sondern wie man älter wird.

Transformation
Der Sinn des Lebens

Von allem, was ich über den Sinn des Lebens gelesen habe, hat mich das gleichnamige Buch von Viktor Frankl am meisten berührt. Selbst Leiden und das Angesicht des Todes rauben dem Leben nicht den Sinn, sondern schenken ihm vielmehr Sinn. Wer sich wie Viktor Frankl mit dem Thema Suizid beschäftigt und mehrere Konzentrationslager überlebt, wer wie Abraham Maslow einen Herzinfarkt übersteht, wer in der Hospizausbildung in einer angeleiteten Sterbemeditation den eigenen Tod durchlebt und Menschen bis an ihr Lebensende begleitet, für den erscheint sie in einem neuen Licht: die Frage nach einem guten Leben.

Sinnverwirklichung

Viktor Frankl wird 1905 in Wien geboren. Bereits 1921 hält er in einem philosophischen Zirkel einen Vortrag über den Sinn des Lebens. Während seines Studiums der Medizin korrespondiert er mit Sigmund Freud, dem Wiener Begründer der Psychoanalyse, der vom menschlichen Streben nach Lustgewinn (*will to pleasure*) ausgeht. Frankl schließt sich aber dem Kreis um Alfred Adler an, der sich mit seiner Individualpsychologie – der Mensch kompensiert seine Minderwertigkeitsgefühle mit seinem Machtstreben (*will to power*) – von Freud abgespalten hat.[178] In diesem Zirkel referiert Frankl 1926 erstmalig über seine Idee, eine neuartige *Logotherapie* zu entwickeln, die den menschlichen Willen zur Sinnverwirklichung (*will to meaning – logos* bedeutet auch Sinn) zur Grundlage nimmt.[179] Aufgrund seiner Kritik an Adlers Ansätzen wird er aus dessen Fachkreis ausgeschlossen. Er gründet Jugendberatungsstellen, um jungen Menschen bei ihren Lebensfragen wie dem Übergang ins Berufsleben Orientierung zu geben. Frankl promoviert 1930 in Medizin und organisiert zur Zeit der Zeugnisverteilung eine Aufklärungsaktion, um Schüler mit schlechten Zeugnissen vom Suizid abzuhalten. Der Suizidprävention widmet er sich später auch als Oberarzt im Psychiatrischen Krankenhaus.

Ich

1938 übernehmen die Nationalsozialisten auch in Österreich die Macht, als Jude darf Viktor Frankl fortan nur noch jüdische Patienten behandeln. Die Bedrohungen und Schikanen nehmen in den Folgejahren dermaßen zu, dass er schließlich einen Visumsantrag beim US-Konsulat in Wien stellt. Von dem Visum macht er dann allerdings keinen Gebrauch, weil er seine Eltern und seine Freundin nicht zurücklassen will. Stattdessen vollendet er sein Buchmanuskript zu den Grundlagen der Logotherapie, auch wenn an eine Veröffentlichung nicht mehr zu denken ist. Im Dezember 1941 heiratet Viktor seine Freundin Tilly Grosser. Kurze Zeit später wird sie von den Nazis zu einer Abtreibung gezwungen.

Im September 1942 wird die ganze Familie Frankl ins Ghetto Theresienstadt deportiert. Das Grauen nimmt seinen Lauf. Während sich Viktor um die psychologische Betreuung der Internierten kümmert – die Neuankömmlinge stehen nicht selten unter Schock – stirbt sein Vater Gabriel bereits ein halbes Jahr später an Erschöpfung. Die verbleibende Familie Frankl wird ins KZ Auschwitz verlegt. Viktor muss bei der Ankunft seinen Mantel abgeben und verliert damit auch das unveröffentlichte Manuskript zur Logotherapie, sein Buch zum Sinn des Lebens, das er im Innenfutter eingenäht versteckt gehalten hatte. Er wird im Folgenden mehrmals verlegt, zuletzt in ein Außenlager von Dachau. Der Glaube an das Leben ist ihm nicht zu nehmen. Ende April 1945 wird er von der US-Armee befreit.

Viktor Frankl schlägt sich nach Wien durch, wo er erfahren muss, dass seine Frau Tilly, seine Mutter Elsa und sein Bruder Walter ermordet wurden. Seine Schwester Stella ist neben ihm die einzige Überlebende der Familie Frankl, ihr war 1942 noch die Flucht nach Australien gelungen. Ein Studienfreund besorgt Viktor eine Wohnung und eine Schreibmaschine. Frankl rekapituliert sein Manuskript zu den Grundlagen der Logotherapie und veröffentlicht es im Folgejahr. Er übernimmt die Leitung der Neurologischen Abteilung der Wiener Poliklinik. An der Volkshochschule hält Frankl zudem Vorträge über die *conditio humana,* über den Sinn und den Wert des Lebens, über Leiden und Resilienz, über Freiheit und Verantwortung am Beispiel seiner Zeit im KZ. Drei der Vorträge veröffentlicht er unter dem Titel eines von Häftlingen im Konzentrationslager gesungenen Liedes, es heißt: *…trotzdem ja zum Leben sagen.* [180]

> *„Nun galt es jene – man möchte mit Kant sagen: ‚kopernikanische' – Wendung zu vollziehen, eine gedankliche Wendung um 180 Grad, nach der die Frage nicht mehr lauten kann: ‚Was habe ich vom Leben noch zu erwarten?', sondern nur mehr lauten darf: ‚Was erwartet das Leben von mir?' (…) Nicht wir dürfen nach dem Sinn des Lebens fragen (…) – wir sind die Befragten! Wir sind die, die da zu antworten haben, Antwort zu geben haben auf die ständige, stündliche Frage des Lebens, auf die ‚Lebensfragen'. (…) Leben selbst heißt nichts anderes als Befragt-sein, all unser Sein ist nichts weiter als ein Antworten – ein Ver-Antworten des Lebens."*
>
> Viktor Frankl (*Über den Sinn des Lebens*, 2019, S. 36)[181]

Frage nicht, was das Leben Dir zu geben vermag, sondern lausche, was Du dem Leben zu geben vermagst. Viktor Frankl hat noch einiges zu geben und veröffentlicht in kurzer Zeit weitere Bücher. Er heiratet Eleonore Schwindt und ihre Tochter Gabriele wird geboren. In den darauffolgenden Jahren etabliert sich seine neue Logotherapie und Existenzanalyse neben Freuds Psychoanalyse und Adlers Individualpsychologie als Dritte Wiener Schule der Psychotherapie. 1955 wird er als Professor an die Universität Wien berufen.

1966 kritisiert Viktor Frankl in einem Fachartikel die vorherrschende Motivationstheorie, insbesondere auch die von Maslow gepriesene Selbstverwirklichung: wenn sie lediglich aus Eigeninteresse erfolge und keinem höheren Sinn diene, bliebe sie hohl, leer und unbefriedigend. Im Kern gehe es dem Menschen nicht um die Selbst-, sondern um die Sinnverwirklichung und damit um einen höheren, sozialen Beitrag, der weit über das eigene Ich hinausreicht.[182] Eine solche *Selbsttranszendenz* im Geben stehe für die ultimative Reifung des Ichs. Maslow, der sich bereits mit dem Phänomen der Transzendenz beschäftigt hat, stimmt dem in einer fachlichen Replik nicht nur zu, sondern er greift den Ball, den Frankl ihm zugespielt hat, in den Folgejahren beherzt auf.[183] Insbesondere nach seinem Herzinfarkt widmet er seine ihm verbleibende Lebenszeit schwerpunktmäßig der Selbsttranszendenz und Sinnverwirklichung.

Von der Mangel- zur Metamotivation

1969 veröffentlicht Abraham Maslow in seiner eigens für die transpersonale Psychologie gegründeten Fachzeitschrift zwei grundlegende Artikel zur Selbsttranszendenz.[184] Dem Verständnis Viktor Frankls folgend unterscheidet auch er nun explizit zwischen einer Selbstverwirklichung ohne Transzendenzerfahrung entsprechend dem Menschenbild der Theorie Y von Douglas McGregor und Selbstverwirklichung mit Transzendenzerfahrung. Abraham Maslow erweitert seine Motivationstheorie an der entscheidenden Stelle um die Selbsttranszendenz als höchstem menschlichen Bedürfnis und bezeichnet das zugehörige Menschen- und Weltbild als Theorie Z.

Die menschliche Entwicklung vollzieht sich demnach entlang von mindestens sechs unterschiedlichen Bedürfnissen. Diese bauen dabei nicht wie in der Pyramide fälschlicherweise suggeriert aufeinander auf, sondern gehen dynamisch ineinander über. Sie überlappen sich, so dass sich eine Wellenform ergibt.[185] Für Maslow ist das Ich multimotiviert, der Mensch befriedigt stets mehrere seiner Bedürfnisse simultan. Aus dem Meer dieser Bedürfnisse ragt das gerade vorherrschende als höchste Welle heraus. Sobald dieses Bedürfnis zu einem gewissen Maß erfüllt wird, schwächt es sich ab und so wird die nächste Welle sichtbar: das nächsthöhere Bedürfnis verlangt dann am intensivsten nach Erfüllung und treibt das Ich vornehmlich an.[186]

Anfangs geht es um Existenzbedürfnisse und die äußere Sicherheit: das Ich will überleben. Sobald dies gewährleistet ist, äußern sich die Beziehungsbedürfnisse nach Zugehörigkeit und Anerkennung im Wir immer stärker, dabei geht es quasi um die innere Sicherheit: das Ich will gesehen werden. Erst wenn alle vier Defizitbedürfnisse befriedigt sind, ist der äußere und innere Halt so weit gegeben, dass der Weg endlich frei ist für die Selbst- und Sinnentfaltung in der Welt. Der Mensch ist fortan nicht mehr mangelgetrieben, sondern metamotiviert durch die zwei Wachstumsbedürfnisse:[187] die Selbstverwirklichung, das zu tun, was er *wirklich, wirklich* tun will und in Selbsttranszendenz schließlich einem höheren Sinn in der Welt zu dienen.

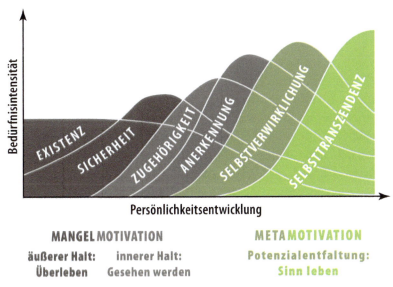

MANGEL MOTIVATION
äußerer Halt: innerer Halt:
Überleben   Gesehen werden

METAMOTIVATION
Potenzialentfaltung:
Sinn leben

Bedürfnis- und Persönlichkeitsentwicklung nach Abraham Maslow
(in Erweiterung von Philipp Guttmann, CC BY-SA 4.0)[188]

Im Laufe seiner persönlichen Entwicklung reift das Ich vom Existenziellen zum Essenziellen: vom kindlichen Vergnügungswillen Freuds über den adoleszenten Machtwillen Adlers im besten Fall bis hin zum selbstlosen, metahumanen Willen zur Sinnverwirklichung nach Viktor Frankl.[189] Ein Mensch will schließlich das ihm eigene Potenzial entfalten und fühlt sich zu Höherem berufen. Gelingt es ihm, diesem Ruf zu folgen, empfindet er das, was Viktor Frankl Selbstverantwortungsfreude nannte. Sie ist zugleich eine Weltverantwortungsfreude, die sich aus dem eigenen Beitrag zu einer besseren Welt ergibt. Ausgerechnet hinter der Selbsttranszendenz verbirgt sich also eine tiefe Welt- und Selbstbejahung und damit die wohl schönste und lebendigste Antwort, die das Selbst dem Leben auf die Fragen von Welt, Wir und Ich zu geben vermag.[190] Jedes menschliche Ich hat es letztlich selbst in der Hand, von der Schein- zur Sinnhaftigkeit zu gelangen, von der äußeren Überlastung zur inneren Nachhaltigkeit, vom Beruf zur Berufung, *von der Lohnarbeit zur Sinnarbeit.*[191] *Ikigai* sagen die Japaner dazu: *den Sinn leben.*[192]

Ich

Transzendenzerfahrungen können zum Ende der Wanderung durch das eigene Leben noch eine andere Qualität erlangen, so Maslow: situative Gipfelerfahrungen junger Jahre wie unter Drogen oder beim Sex weichen im besten Fall andauernden Hochebenenerfahrungen wie Altersweisheit und innerem Frieden. Sowohl das eigene Gemüt als auch das Umfeld profitieren von der Gelassenheit und Generativität solcher *Gerotranszendenz*.[193] In perimortaler Klarheit schrieb Abraham Maslow nur zehn Wochen vor seinem eigenen Ableben in sein Tagebuch:[194] *„Wer seinen Frieden mit der eigenen Sterblichkeit gemacht hat, beendet für sich den Wettbewerbsmodus."*

Das Leben in seiner äußeren Unsicherheit zuzulassen verspricht paradoxerweise tiefe innere Sicherheit. Das Ich integriert so auch die eigene Selbstvergänglichkeit als Teil seines natürlichen Seins. Die Annahme der eigenen Sterblichkeit ermöglicht ihre seelische Überwindung. Um nicht alltäglich zu leben, muss das Ich jeden Tag ein klein wenig sterben. Frei nach Kierkegaard muss das Ego erst zerbrechen, um zum wahren Selbst und zu wahrer Menschlichkeit zu reifen. *Viele kleine Tode musst Du sterben, um ein ganzer Mensch zu werden.* Kleine Tode öffnen das Tor zum Leben vom Herzen.[195] Aus der Leere, die sie bringen, entwächst eine unbegrenzte Potenzialität, über das bisherige Sein hinauszuwachsen.[196]

„Nach innen blicken und sehen, dass ich nichts bin, ist Weisheit.
Nach außen blicken und sehen, dass ich alles bin, ist Liebe.
Mein Leben kreist zwischen beiden."

Nisaragdatta Maharaj (*Ich bin*, 1973)

Selbsttranszendenz

Dass jedes Ich sich losgelöst von allen und allem anderen als ein einzelnes Subjekt begreift, ist hirntechnisch gesehen eine reine Selbstillusion und zugleich Ausgangspunkt jeglicher Entfremdung.[197] Das lateinische *transcendere* beinhaltet wörtlich das Übersteigen dieser nur eingebildeten Abtrennung. So erweitert sich das Selbst- und Weltbewusstsein: das autonome Alleinsein des Ichs wandelt sich in ein homonomes All-Eins-Sein in der Welt. In der Selbsttranszendenz der

Theorie Z überwindet das Ich seine seelischen Abkopplungen von seinem wahren Selbst, vom gemeinschaftlichen Wir, von seiner Umwelt und vom höheren Sinn des Lebens:[198]

Ich und Selbst: Das Ich überwindet sein Ego, die Scheinhaftigkeit seiner äußeren Lebensrollen. Der Mensch lebt authentisch sein inneres wahres Selbst ganzheitlich und wahrhaftig aus.

Ich und Wir: Das Ich und das Du, das Wir und das Ihr sind untrennbar miteinander verbunden. Der Mensch existiert nicht im Singular, sondern ist ein Gemeinschaftswesen.[199]

Ich und Welt: Mensch und Umwelt gedeihen in einem Ökosystem wechselseitiger Beziehungen. Alles Leben ist miteinander verbundenes Dabei-Sein, ist *Inter-esse*: *Interbeing* sagen die Buddhisten und Ökophilosophen.[200]

Ich und Sinn: Das Ich ist in diesem natürlichen Zusammenspiel nicht mehr und nicht weniger als ein lebendiges Element. Der Sinn des einzelnen Lebens ist das Leben als Ganzes.

Die Selbsttranszendenz ist eine weitere Große Transformation, der Mount Everest der Selbsttransformation. Der Aufruf zur Selbstüberschreitung und Weltoffenheit, zur Befreiung aus dem *Gefängnis der Isolierung und der Selbstsucht*, ist nicht weniger gigantisch als der zur ökologischen Weltrettung im ersten und zur zwischenmenschlichen Resonanz im zweiten Kapitel.[201] Zugleich ist er die Voraussetzung für beide.[202] Nachhaltigkeit entsteht intrinsisch und gemeinschaftlich, oder sie entsteht nicht.[203] *Innerer, nicht äußerer Wandel verändert die Gesellschaft.*[204] Die vier Dimensionen der Transzendenz entsprechen nicht zufällig den vier Resonanzbeziehungen zum eigenen Selbst, zu den Mitmenschen, zur lebendigen Umwelt und zum großen Ganzen. Resonanz und Transzendenz befriedigen unsere ökologischen und spirituellen Bedürfnisse nach lebendiger Verbundenheit und höherem Sinn.[205]

Viktor Frankl und Abraham Maslow haben aus den Erfahrungen ihrer zweiten Chancen, dank des Überlebens des Konzentrationslagers und eines Herzinfarkts, dem menschlichen Ich den Schlüssel zur Entdeckung des eigenen Wesens hinterlassen: in der Selbsttranszendenz findet der Mensch zu vollkommener Humanität. Durch die Befreiung vom eigenen Ego findet unsere Selbstentfremdung ein Ende und durch das Über-uns-Selbst-Hinausgehen im Gemeinschaftssinn auch unsere Suche nach dem Sinn. Das wahre Selbst entfaltet sich im wahren Sein, im *Interbeing* seiner Welt- und Wir-Verbundenheit. Du wirst zur besten Version Deiner selbst, wenn Du Dich um das Wir und die Welt kümmerst und etwas tust, das größer ist als Du selbst.[206]

> *„Lebe so, als ob Du zum zweiten Male lebtest und das erste Mal alles so falsch gemacht hättest, wie Du es zu machen – im Begriffe bist!"*
>
> Viktor Frankl (*Über den Sinn des Lebens*, 2019, S. 49 f.)[207]

Zwischenfazit
Leben oder gelebt werden

Jedes Ich ist ein einziger Schrei nach Liebe, ein Mikrokosmos im Kampf um äußere Anerkennung und innere Geborgenheit. Das menschliche Bedürfnisparlament ist gespalten in ein Außen- und ein Innenministerium. Das Ich ist hin- und hergerissen zwischen der Notwendigkeit und der Freiheit, zwischen normierender Sozialisation und singulärer Individuation.[208] Es pendelt hin und her zwischen dem Verrat am eigenen Selbst und dem Verrat am Wir und an der Welt.[209] So manche Selbstverwirklichung, vermeintlicher Highway zum *MyWay*, entpuppt sich irgendwann als *LemmingWay*.

Jedes Ich ist wie ein Musikalbum. Ein Gesamtkunstwerk. Im Berufsleben wird ihm allerdings in der Regel lediglich die eine Hitsingle gemäß der Stellenbeschreibung abverlangt. Chefs, Kollegen und Kunden möchten sie immer wieder hören, weil sie ihre Wünsche und Interessen so gut befriedigt. Derart fremdgesteuert taumelt so manches Ich in die Selbstentfremdung. Denn *wie ich meine Tage verlebe, so wird mein Leben*.[210] Der Rest des einmaligen Albums, das auf den Namen Ich hört, bleibt in der Regel unbespielt. Es sind unbekannte Lieder, unterschiedlich lang, laut und schrill, nach denen keiner fragt und die das Ich sich ungefragt auch kaum einmal anzuspielen wagt. Unvorstellbares menschliches Potenzial, welches zu einer kreativen, nachhaltigen und sozialen Lebenswelt beitragen könnte, aber allzu oft ungehört und unerkannt zu Grabe getragen wird. Fast immer bleiben unerfüllte Lebenserwartungen am Ende der Lebenserwartung: *das ungelebte Leben.*[211] Weil wir verlernen, was wir sind, und vergessen, was wir sein könnten. Hinter der bekannten Ego-Single verbirgt sich ein famoses Album: unser wahres Selbst. *Wie lange ich lebe, liegt nicht in meiner Macht,* konstatierte Seneca. *Dass ich aber, solange ich lebe, wirklich lebe, das hängt von mir ab. Es ist nicht wenig Zeit, die wir haben, sondern es ist viel Zeit, die wir nicht nutzen.*

Für das menschliche Ich gibt es letzten Endes nur ein einziges Problem zu lösen. Dieses hat es aber in sich: es ist die Angst des Egos vor dem eigenen Tod. Nicht der Tod nimmt uns das Leben. Wir selbst nehmen uns das Leben. Der Angst vor dem Tod auszuweichen, heißt, sich der Diktatur des Egos zu beugen und dem wahren Leben auszuweichen. Jeder neue Tag stellt den Menschen vor die Wahl: lebe ich oder werde ich gelebt?[212]

P.S.: Stellen Sie sich vor, Sie sind abends ins Kino gefahren. Dort gibt es eine kurzfristige Programmänderung: gezeigt wird Ihnen die Dokumentation Ihres eigenen Lebens. Sie schauen sich zunächst den ersten Teil Ihres Lebens an, Ihre Vergangenheit bis heute.[213] Jetzt befinden Sie sich in der Pause der Vorstellung: Wie soll es nach der Pause weitergehen? Schreiben Sie das Drehbuch für Ihr *zweites Leben.*[214]

P.S. 2: Was wir uns vorstellen, vermag sich vor das bisher Dagewesene zu stellen, daher zum Abschluss dieses Kapitels noch eine weitere Vorstellungsrunde. Sie stammt aus dem Debütroman von Marc Levy und verhalf ihm dazu, sein Schriftstellerleben zu entfalten.

Anekdote

⏮

Stell Dir vor...
... Du hast bei einem Wettbewerb den folgenden Preis gewonnen: Jeden Morgen stellt Dir die Bank 86.400 Euro auf Deinem Bankkonto zur Verfügung.
Doch dieses Spiel hat gewisse Regeln.
 Die erste Regel lautet: Alles, was Du im Laufe des Tages nicht ausgegeben hast, wird Dir wieder weggenommen, Du kannst das Geld nicht einfach auf ein anderes Konto überweisen, Du kannst das Geld nur ausgeben.
 Aber jeden Morgen, wenn Du erwachst, stellt Dir die Bank erneut 86.400 Euro für den kommenden Tag auf Deinem Konto zur Verfügung.
 Die zweite Regel ist:
 Die Bank kann das Spiel ohne Vorwarnung beenden, zu jeder Zeit kann sie sagen: Es ist vorbei, das Spiel ist aus. Sie kann das Konto schließen, und Du bekommst kein neues mehr.

Was würdest Du tun?
 Du würdest Dir alles kaufen, was Du möchtest? Nicht nur für Dich selbst, auch für alle anderen Menschen, die Du liebst? In jedem Fall aber würdest Du versuchen, jeden Cent so auszugeben, dass Du ihn bestmöglich nutzt und so viele Menschen, die Du liebst mit glücklich zu machen, oder?

Weißt Du, dieses Spiel ist die Realität. Jeder von uns hat so eine Bank. Wir sehen sie nur nicht, denn die Bank ist die Zeit. Es ist die Lebensbank. Jeden Morgen, wenn wir aufwachen, bekommen wir 86.400 Sekunden Leben für den Tag geschenkt, und wenn wir am Abend einschlafen, wird uns die übrige Zeit nicht gutgeschrieben. Was wir an diesem Tag nicht gelebt haben, ist verloren. Gestern ist vergangen. Jeden Morgen beginnt sich das Konto neu zu füllen, aber die Bank kann das Konto jederzeit auflösen, ohne Vorwarnung.
 Also lebe Dein Leben, trage Deine Werte in Dir, lebe es mit Liebe und gib so viel Du kannst anderen davon.

⏭

Marc Levy (*Solange du da bist,* 2000)

4
Theorie Zukunft
Von der Selbstentfremdung zur Weltresonanz

1992. Rio de Janeiro. Erste Konferenz der Vereinten Nationen über Umwelt und Entwicklung. Eine der Teilnehmerinnen ist die zwölfjährige Severn Cullis-Suzuki aus Vancouver, die drei Jahre zuvor an ihrer Grundschule den Umwelt-Club *Environmental Children's Organization (ECO)* gegründet hat. Severn hält eine sechsminütige Rede, die Al Gore später als die wichtigste der ganzen Konferenz bezeichnet:[215]

> *„Ich kämpfe für meine Zukunft. Meine Zukunft zu verlieren ist nicht dasselbe wie eine Wahl oder einige Prozentpunkte an der Aktienbörse zu verlieren. (...) Ich bin nur ein Kind und dennoch weiß ich, dass wir alle Teil einer großen Familie sind, die aus fünf Milliarden Menschen, ja in Wahrheit aus 30 Millionen Arten besteht. (...)*
>
> *In der Schule und schon im Kindergarten bringt ihr uns bei, wie wir uns verhalten sollen in dieser Welt: ihr lehrt uns, nicht mit anderen zu kämpfen, miteinander zu reden, andere zu respektieren, unseren Müll wegzuräumen, anderen Lebewesen nicht weh zu tun, zu teilen und nicht gierig zu sein. Warum legt ihr dann los und macht genau die Dinge, von denen ihr uns sagt, wir sollen sie nicht tun? (...) Mein Papa sagt immer: ‚Du bist das, was Du tust, nicht das, was Du sagst'. Nun: ich weine nachts wegen dem, was ihr tut."*

2018. Bei einem Schreibwettbewerb der Zeitung *Svenska Dagbladet* zum Thema Umweltpolitik reicht die 15-jährige Greta Thunberg einen Beitrag ein und gehört zu den Preisträgerinnen. Die Sommerferien werden ungewohnt heiß, eine Hitzewelle liegt über Europa. So kann es nicht weitergehen. Am ersten Schultag nach den Ferien, am Freitag, den 20. August setzt sich Greta in ihrer Heimatstadt Stockholm mit einem Schild vor das Parlament: *Skolstrejk för klimatet* – Schulstreik fürs Klima. Nur zwei Monate später haben sich ihrem Vorbild

Tausende von Schülern in der ganzen Welt angeschlossen, nun heißt es: *Fridays For Future*. Auf einer Klimademonstration in Helsinki sagt Greta:[216] *„Wir können die Welt nicht retten, indem wir uns an die Spielregeln halten. Die Regeln müssen sich ändern, alles muss sich ändern, und zwar heute."*[217]

Wir Erwachsene scheinen zu versagen. Wir machen all das, was wir nicht tun sollten und oft nicht das, was wir sagen. Es herrscht die Diktatur des Jetzt, des Zwecks und des Egos. Gerade dieses Scheitern macht uns jedoch zum Ausgangspunkt der Veränderung, zum Bezugspunkt für eine bessere Welt. *„Es gilt das Paradoxon: Das Klagen und Anklagen über das Versagen der Welt öffnen dem Weltbewusstsein die Augen"*, so Ulrich Beck in seinem letzten Werk *Die Metamorphose der Welt*.[218] Manchmal muss es erst schlechter werden, damit es besser werden kann. Eine Metamorphose der Menschheit ist unumgänglich. Unsere einzige Chance ist es, eine neue Art des In-der-Welt-Seins zu finden, eine neue Art des Mensch-Seins zu entfalten. *Wie wollen wir leben?*[219] Unser Selbstverhältnis ist der Ausgangspunkt für unser Weltbewusstsein. Innere Ökologie und äußere Ökologie sind untrennbar miteinander verbunden.

Gestern
Gewinnen und verlieren

Ich-Bedürfnisse, Wir-Bedürfnisse, Welt-Bedürfnisse – das ganze Leben dreht sich um Bedürfnisbefriedigung. Abraham Maslows Lebens- und Forschungsreise startete mit den menschlichen Grundbedürfnissen und endete schließlich bei der Selbsttranszendenz als höchster Stufe der Selbstverwirklichung, in der gemeinschaftlichen Potenzialentfaltung zum Wohle aller. Die Bewusstseinsreifung seiner Theorie Z in ein Big Picture einzuordnen, gelang Maslow leider nicht mehr. Dies blieb seinem Zeitgenossen Clare Graves, wie Maslow Professor der Psychologie, vorbehalten, wobei auch Graves sein finales Opus Magnum vor seinem Tod nicht mehr fertigzustellen vermochte.[220] Seine Nachfolger gaben seiner Theorie die Bezeichnung *Spiral Dyna-*

mics. Diese integrale Weltformel verheißt uns den Gral der Weisheit, nach dem die Wissenschaften so lange suchten: einen *Mastercode der Menschheit.*[221]

Vom Sammeln und Jagen zum Malochen und Klagen

Der Ausgangspunkt für die Suche nach diesem Mastercode waren die Fragen der Graveschen Studenten, wie denn die verschiedenen Strömungen in der Psychologie miteinander zusammenhingen. Da Professor Graves dies nicht zufriedenstellend zu beantworten vermochte, machte er sich Anfang der 1950er Jahre daran, das Ganze grundlegend zu untersuchen. Dazu warf er den aufgeworfenen Ball zunächst einmal ins studentische Vorlesungspublikum zurück und ließ seine Studenten über die Reifung des menschlichen Bewusstseins reflektieren. Systematisch wertete er ihre Antworten Jahrgang für Jahrgang aus und gründete darauf seine Hypothesen. Im November 1970, einem halben Jahr nach Abraham Maslows Tod, bestätigte sein Meta-Modell der Bewusstseinsentwicklung die Einschätzung Maslows, dass *je höher das Bedürfnis ist, desto spezifisch menschlicher es ist*:[222]

Bewusstseinsreifung in Entwicklungsstufen: Unser menschliches Bewusstsein entwickelt sich in Entwicklungsstufen, die sich an den von Maslow aufgezeigten Bedürfnissen orientieren. Zunächst werden materielle und zwischenmenschliche Defizitbedürfnisse befriedigt, bevor man sich der Selbstverwirklichung und später auch der Selbsttranszendenz zuwenden kann. Der Mensch ist nicht nur mangel-, sondern auch metamotiviert, nicht nur überlebens-, sondern auch möglichkeits- und entfaltungsorientiert.

Parallele Evolution von Ich, Wir und Welt: Die Bewusstseinsentwicklungen der Einzelnen spiegeln sich dabei zurück in den organisationalen und gesellschaftlichen Entwicklungen, wo sie sich als Meme im jeweiligen Zeitgeist fortschreiben.[223]

Der Mensch reift in drei Hauptphasen: Nach dem ökonomischen Egoismus der letzten Jahrhunderte realisiert die Menschheit nach und nach einen sozialökologischen Altruismus, der irgendwann zu einem ökosophischen Holismus, einem ganzheitlichen Natur-, Selbst- und Weltverständnis reifen mag.

In den früheren Phasen der Menschheit stand alles Tun unter dem Primat der Überlebenssicherung, zunächst als Jäger und Sammler in nomadischen Stammesverbänden, später als Ackerbauern und Viehzüchter in Siedlungsverbänden. Technologischer Fortschritt, Kapitalrenditen und Arbeitsteilung führten schließlich mit der Industrialisierung zu dem Status Quo, auf dem wir uns heute befinden: gefangen im Hamsterrad der Lohnarbeit jammern wir auf einem materiell hohen, mental aber fragilen Niveau.

EGO - ökonomischer Egoismus und Entfremdung

Als Jäger und Sammler lebte der Mensch stets im Einklang mit der Natur und der Gemeinschaft. Zwar ging es oft ums nackte Überleben, aber der Einzelne hungerte nur dann, wenn nicht genug Nahrung zu holen war und die ganze Gemeinschaft darbte. Der Ackerbau und die Viehzucht sollten dem gelegentlichen Mangel ein Ende bereiten, der Mensch wurde sesshaft. Doch ausgerechnet dieser Plan zur Vorsorge und die damit verknüpfte Erfindung der Arbeit brachten auch Hunger und Elend. Wie konnte das geschehen, Mensch, was hat Dich bloß so ruiniert? Auf diese Preisfrage lautete Rousseaus Antwort 1755:[224]

> *„Der erste, der ein Stück Land mit einem Zaun umgab und auf den Gedanken kam, zu sagen ‚Dies gehört mir' und der Leute fand, die einfältig genug waren, ihm zu glauben, war der eigentliche Begründer der bürgerlichen Gesellschaft. Wie viele Verbrechen, Kriege, Morde, wie viel Elend und Schrecken wäre dem Menschengeschlecht erspart geblieben, wenn jemand die Pfähle ausgerissen und seinen Mitmenschen zugerufen hätte: ‚Hütet euch, dem Betrüger Glauben zu schenken; ihr seid verloren, wenn ihr vergesst, dass zwar die Früchte allen, die Erde aber niemandem gehört.'"*

Der Ausdruck des Privateigentums stammt vom lateinischen *privare* = berauben. Die Idee des Besitzes ist vielleicht der entscheidende Sündenfall in der jüngeren Menschheitsgeschichte: der Vorteil des Einzelnen ist zugleich ein Diebstahl an der Allgemeinheit, an der Natur und an der Gemeinschaftlichkeit.[225] Wie wir in den drei einleitenden Kapiteln gesehen haben, erzeugt der neoliberale Kapitalismus eine fatale Diktatur purer Ressourcenausnutzung und permanenten Wettbewerbs. In der Welt, wie wir Menschen sie erschaffen haben, repräsentiert der Mythos Markt die neue Gottheit, der wir alles unterordnen, mit den Aktienbörsen als zugehörigen Kathedralen.[226] Welt, Wir und Ich sind in den Zwangsneurosen der Marktwirtschaft gefangen. Mit Rousseau:[227] *„Der Mensch ist frei geboren, und liegt überall in Ketten."* Angekettet hat er sich selbst, denn *„Gedanken bringen Organisationen hervor, und dann halten Organisationen die Menschen als Gefangene"*, so Otto Scharmer oder, wie der Quantenphysiker David Bohm zu sagen pflegte: *„Gedanken erschaffen die Welt, und dann sagen sie: Das waren wir nicht."*[228]

Das Bewusstsein bestimmt das Sein und das Sein wiederum das Bewusstsein. Arbeitsweise, Denkweise und Lebensweise gehen Hand in Hand. Das Über-Ich des spätmodernen Zeitgeistes und die Rollenerwartungen im Beruf spalten viele Menschen von ihren ganz persönlichen Bedürfnissen und inhärenten Potenzialen ab. Die Industrialisierung der Außenwelt, die Ökonomisierung der Innenwelten und die Entmenschlichung der Arbeitswelt befinden sich global gesehen auf ihrem historischen Höhe- und damit Tiefpunkt. Prominenten Gewinnern und weltbekannten Marken stehen immer mehr namens- und gesichtslose Systemverlierer gegenüber.

Die äußeren Zwänge und inneren Gefängnisse resultieren aus der hierarchischen Machtordnung der institutionellen Befehlspyramide, auch wenn diese lange Zeit ihren Zielen, der Effizienzsteigerung in der Produktion und damit dem materiellen Wohlstand vortrefflich gedient hat. Nur zu welchem Preis? Zum Preis des Raubbaus an Mutter Erde ebenso wie an der menschlichen Seele. Die Vergangenheit hinterlässt ihre Spuren: global, organisational sowie individuell. Wenn Menschen die Fußtritte, die sie zwangsläufig immer mal wieder von oben erhalten, als Druck nach unten weitergeben oder den eigenen Schmerz mit materiellem oder medialem Konsum betäuben, bleiben atmosphärisch gigantische Fußabdrücke zurück, die das äußere und innere Klima belasten. Der Mensch ist, was er besitzt. Es ist ein Leben vom Bilde *aus*, so Martin Buber, vom Bild desjenigen EGOs aus, als das man erscheinen will.[229] Dabei ist nicht zu unterschätzen, *was das*

Haben mit dem Sein macht.[230] Die Produktion von Bedeutung übertrifft irgendwann die Bedeutung der Produktion.[231]

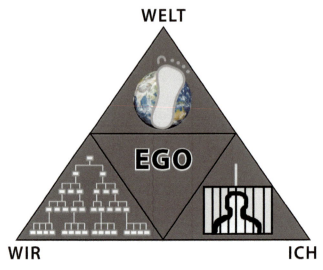

EGO: Welt, Wir und Ich im Fußabdruck-Modus der Entfremdung

Welt, Wir und Ich spiegeln einander Abtrennung, Egoismus und Gier. *Was zählt, ist allein, was man zählen kann.*[232] Nahezu immer und überall geht es um die Nutzenvorteile der Einzelnen oder der EGO-Fraktionen, denen man sich zugehörig fühlt, seien es Unternehmen, Nationen oder andere Interessenverbände. Der Teufelskreis des sozialdarwinistischen Machtkampfs und Geltungsdrangs führt zur Abspaltung des Kollektiv-EGOs der Menschheit von der Biosphäre und von der eigenen Menschlichkeit.[233] Strukturierte Verantwortungslosigkeit, Vereinzelung und Verzweiflung sind die Folgen.

Äußerer Reichtum schützt vor innerer Armut nicht. Die Schönheit der Natur bewahrt sie nicht vor ihrer Zerstörung. Die Ökologiekrise, die Sozialkrise und die Sinnkrise sind allesamt Symptome, wie sehr wir uns den ökonomischen Zwängen der ewig gestrigen Theorie X, der Steuerung durch Macht und Kontrolle folgend von uns selbst, voneinander und von der Natur entfernt haben. Die gegenwärtige Krise manifestiert sich im falschen Selbst normopathischer Entfremdung.

Dieser Teufelskreis scheint alternativ- und ausweglos so die *Reflexionen aus dem beschädigten Leben*:

Es gibt kein richtiges Leben im falschen.

Theodor W. Adorno (*Minima Moralia*, 1951, S. 43)

Monopoly = falsch im Falschen

Dass im Kapitalismus die Reichen immer reicher werden, während gleichzeitig die Armut zunimmt, ist den Logiken der Kapitalakkumulation geschuldet. Nirgends ist das Wachstum der Ungleichheit in der Bereicherungsgesellschaft schneller einzusehen als bei einer Runde Monopoly.[234] Wer die Häuser an der Schlossallee und an der Parkstraße sein Eigen nennt, mehrt stetig seinen Reichtum und treibt seine Konkurrenten in den Ruin. The Winner takes it all: „*Man hätte es auch das Spiel des Lebens nennen können*", so Elizabeth Magie, die Erfinderin.[235] In ihrem zunächst als *Landlord's Game* konstruierten Spiel zeichnete sie 1903 in eine der vier Spielbrettecken ein Adelsanwesen und schrieb ironisch daneben: *Owner Lord Blue Blood. No trespassing – Go to Jail* (*Eigentümer Lord Blaues Blut. Betreten verboten – gehe ins Gefängnis*). Das Kontrastbild eines Armenhauses an einem öffentlichen Park zeichnete sie gleich in die Ecke daneben, um der Welt vor Augen zu führen, wohin das vorherrschende System führt: „*Lasst die Kinder ruhig einmal klar erkennen, wie krass ungerecht unser gegenwärtiges Landsystem ist und wenn sie aufwachsen, wird das Böse, sofern ihnen eine natürliche Entwicklung ermöglicht wird, bald behoben werden.*"

Wie krass ungerecht das System war, hatte Elizabeth Magie während ihrer eigenen Kindheit bereits am eigenen Leib erfahren müssen. Man schrieb das Jahr 1879. Im Alter von nur 13 Jahren sah sich Lizzie, wie alle sie nannten, gezwungen, die Schule abzubrechen, um durch Büroarbeit ihren Beitrag zum Familieneinkommen zu leisten. Der bekannte Systemkritiker Henry George hatte soeben eine Schrift veröffentlicht, welche solche Zeitphänomene genauer beleuchtete: *Fortschritt und Armut – Eine Untersuchung über die Ursache der industriellen Krisen und der Zunahme der Armut bei zunehmendem Reichtum*. 1886 setzte sich George bei der Bürgermeisterwahl in New York gegen die Versklavung durch die Lohnarbeit ein und als einer der ersten auch für eine gerechtere Bezahlung für Frauen, *equal work - equal pay*. Mit seinem progressiven Programm scheiterte er jedoch bei der Wahl und Frauen blieben weiterhin völlig unterbezahlt.

So auch Lizzie Magie, die sich mit ihrem Bürojob kaum über Wasser halten konnte. Als auch das *Landlord's Game* keine Besserung brachte, setzte die Unverheiratete 1906 kurzerhand eine Kontaktanzeige der etwas anderen Art in die Zeitung. Auf der Suche nach einem Ehemann pries sie sich als *junge, weibliche, amerikanische Sklavin* gegen Höchstgebot an, ihr Alter von inzwischen 40 Jahren verschwieg sie dabei. Die provokante Annonce erzeugte einen beachtlichen Presserummel. Lizzie erhielt viele empörte Zuschriften. Andere boten ihr hingegen Unterstützung an, so auch der junge Schriftsteller Upton Sinclair. Dieser wurde durch seinen Enthüllungsroman *The Jungle*, in dem er das *Inferno der Ausbeutung* in den Schlachthöfen Chicagos und die Zustände in der Fleischindustrie anprangerte, gerade schlagartig berühmt. Er lud Lizzie zu einem Treffen nach New York ein – zwei Verbündete im Geiste. Lizzie wechselte schließlich in die Zeitungsbranche und heiratete vier Jahre später Albert Philips.

Anlässlich der Patentverlängerung des *Landlord's Games* 1924 und einer neuen Auflage des Spiels entschied sie sich, auch die alternative antimonopolistische Spielvariante mitzuveröffentlichen: sobald man auf den Landbesitz adäquate Grundstückssteuern erhebt, wie Henry George sie propagiert hatte, gibt es nämlich keine Verlierer mehr. Vielmehr nimmt der Wohlstand für alle Spieler zu. Das Spiel endet nicht mehr durch den Bankrott der Mitspieler, sondern, sobald auch der ärmste Spieler sein Anfangskapital verdoppelt hat. Doch wie schon zu Beginn des Jahrhunderts verkaufte sich auch die Neuauflage des Spiels nur schleppend.

1935 bekam die inzwischen in die Jahre gekommene Lizzie überraschend Besuch vom ebenfalls gealterten George Parker, dem Gründer einer der erfolgreichsten Spieleunternehmen. Obwohl die Parker Brothers ihr *Landlord's Game* drei Jahrzehnte zuvor noch abgelehnt hatte, bot George an, das Spiel nun doch herauszubringen und kaufte Lizzie die Patentrechte für 500 Dollar ab. Erst ein paar Monate später erkannte Lizzie Magie Philips, dass sie damit gründlich hereingelegt worden war. Parker Brothers vertrieb inzwischen auch ein Spiel, das dem ihren unglaublich ähnelte, aber unter einem anderen Namen mächtig für Furore sorgte: Monopoly. Als Erfinder hatte sich ein gewisser Charles Darrow ausgegeben, auf den auch das Patent für das Spiel ausgestellt worden war. Erbost gab die inzwischen 69-jährige Lizzie der Washingtoner Zeitung *Evening Star* im Januar 1936 ein Interview, um auf den Ideenklau und die ursprünglich antimonopolistische Mission des Spiels aufmerksam zu machen. Um sie ruhig zu stellen, vertröstete Parker Brothers die alte Dame daraufhin mit der Herausgabe zwei weiterer ihrer Spiele.

Schließlich kam es, wie es kommen musste: nachdem sich Parker Brothers das Monopol auf das Monopoly gesichert hatte, avancierte es zum beliebtesten Brettspiel der Welt und machte Darrow zum ersten Spielemillionär. Die wahre Erfinderin Elizabeth Magie Philips, der Systemkritiker Henry George und seine antimonopolistische Idee des Wohlstands für alle gerieten hingegen schnell wieder in Vergessenheit.[236] Dem frühen Vogel bleibt manchmal nur der nackte Wurm und die zweite Maus frisst den Käse.

Heute
Entlernen und imaginieren

Wie früher Henry George, Lizzie Magie und Upton Sinclair halten heute Greta Thunberg, Luisa Neubauer und Severn Cullis-Suzuki, die sich nach wie vor für die Umwelt engagiert, der Welt den Status Quo des Falschen vor Augen. Mit vielen anderen Aktivisten verschreiben sie sich mit Haut und Haaren dem Widerstand gegen das *Business-as-usual* des Establishments und pochen auf die Veränderbarkeit. Denn der Mensch kann gar nicht anders, als nach dem Besseren zu streben. „*Es ist nicht egal, was und wie ich denke, was ich tue und wie ich es tue. Es kommt auf mich an, es kommt jederzeit auf alle an*", sagt der Philosoph Michael Hirsch.[237] „*Es geht immer, überall und in jedem zugleich um alle und um alles.*" Es geht stets um das Fundament und die Krönung des Lebens – es geht stets um unsere persönliche Haltung.

Die Kunst liegt darin, die falschen von den wahren Bedürfnissen, das Haben-Wollen vom Sein-Wollen, zu unterscheiden.[238] Die Umwerfung aller Verhältnisse erfordert die Umwertung aller Werte.[239] Die Antithese, die Adorno mit seiner Hypothese implizit provozierte, lautet: *Es gibt ein richtiges Leben im Falschen.* Es ist die Suche nach dem, was an Richtigem schon möglich ist im Angesicht des Falschen. Denn was wir sind, und was wir sein könnten, ist lebensentscheidend. Wie wir unsere Tage verleben, so wird unser Leben. Wenn wir uns wandeln, verwandelt sich unsere Welt. Ganz ähnlich wie bei der Metamorphose von der Raupe zum Schmetterling.

Imagozellen = richtig im Falschen

Nachdem sich die Raupe in einen sicheren Kokon eingesponnen hat, beginnt der Prozess der Verwandlung von zwei Seiten.[240] Zum einen lösen Enzyme die Zellstruktur der bisherigen Raupe auf und das langsame Entwerden nimmt seinen Anfang. Zum anderen entstehen neue Zellen, die ganz anders schwingen als die bisherigen Raupenzellen. Diese werden *Imagozellen* genannt, da sie die Vorstellung, die Imagination des zukünftigen Schmetterlings als Strukturinformationen bereits vollständig enthalten. Allerdings behandeln die noch aktiven Raupenzellen diese vereinzelten Hologramme des Neuen wie Fremdkörper. Der Kampf und das Schicksal der Schmetterlingsvorboten in der Raupenmonokultur ist das der Richtigen im Falschen, viele werden vernichtet.

In der Raupe entstehen aber immer neue Abbilder der neuen Schmetterlingswelt. Irgendwann gelingt es einigen von ihnen, die gegen sie gerichtete Energie umzuwenden: wie asiatische Kampfkünstler lassen sie die angreifenden Immunzellen zunächst ins Leere laufen und infizieren sie dann dazu, selbst neue Imagozellen zu bilden. Die neue Schwingungsfrequenz der Zukunftsvorboten erzeugt in lokaler Umgebung eine erste Resonanz. An verschiedenen Stellen gelingt es nach und nach, sich mittels fadenähnlicher Verbindungen zu vernetzen und einander zu unterstützen. Das ist der alles entscheidende Durchbruch bei der Verwandlung. In wechselseitiger Verbundenheit, in ihren vernetzten Verklumpungen gewinnen die Imagozellen die Oberhand und die verbliebenen Raupenstrukturen werden zusehends verdrängt. Das Neue nimmt Gestalt an, durchbricht am Ende der Verwandlung die Hülle des Kokons, breitet seine Flügel aus und zeigt seine ganze Pracht: als ein wundervoller Schmetterling!

Im menschlichen Alltag sind Räume und Episoden der Verwandlung schwer zu finden, in der Regel braucht es dafür eine bewusst gewählte Auszeit. Nach biblischer Überlieferung war früher sogar kollektiv alle 49 Jahre ein Sabbatjahr vorgesehen. Alle Schulden sollten gestrichen, alle Sklaven frei gelassen, alles Land an seine ursprünglichen Besitzer zurückgegeben werden. Zwischenzeitliche Macht- und Kapitalanhäufungen wie im Monopoly sollten damit hinfällig werden. Der Sabbat stand für das Anhalten des äußeren Alltags und steht noch heute für ein Innehalten, für eine Gelegenheit zur Regeneration, zur Wertschätzung und zum Neuanfang. Vom Müssen zur Muße. Sabbatökonomie heißt:[241] das Spiel des Lebens wird auf seinen natürlichen Urzustand, auf gleiche Chancen für alle zurückgedreht.

Nach meinem eigenen Sabbatjahr und der Befreiung einiger innerer Sklaven innerhalb des Kokons einer Gesprächstherapie stand für mich fest, dass ich fortan im Arbeitsleben nach Umfeldern suchen wollte, wo ich so sein kann, wie ich bin. Als ein Leben vom Wesen aus bezeichnete Martin Buber ein solches Sein.[242] Der Kern der Metamorphose Mensch ist die *Metanoia*, die innere Umkehr und Erlangung einer neuen Weltsicht jenseits der bisherigen.[243] Alles Neue beginnt damit, zunächst die durch die Erziehung und Heimatkultur angelernten alten Muster zu erkennen und bewusst loszulassen: zu *entlernen*. Das ist der Schlüssel zum *weniger ist mehr*, zur Essenz und zur Suffizienz.[244] *Es gibt nichts Gutes, außer man lässt es.*[245]

Aus der Vergangenheit hat das Ich gelernt, mit seinem EGO als Außenminister den Erwartungen der anderen und dem Zeitgeist zu entsprechen. Beim Prozess des Verabschiedens bisheriger Gewohnheiten wird das alte EGO, das antrainierte Pseudo-Selbst des sozialen Rollenspiels, Schale für Schale abgetragen.[246] Seelisch wie geistig ist dies nicht selten ein schmerzhaftes Entwerden. Sinnloses wegzulassen, schafft Raum für Sinnvolles. So kann das Ich werden, was es ist.[247]

„Ich bin jetzt beides, weit mehr und weit weniger als ich gelernt hatte zu sein. Mehr, weil sich jenseits des Alltags meines angelernten Selbst und der damit verbundenen Muster eine ganze Dimension an Selbst verbirgt, mein Kern. Weniger, weil dieser Kern mich einzigartig macht, und diese Essenz meiner Selbst weit weniger konstituiert: weniger an Gedanken, Worten und Handlungen als mein angelerntes Selbst."

Hanno Burmester (*Unlearn*, 2021, Kapitel 3)[248]

Die persönliche Transformation ist eine abenteuerliche Reise weg vom falschen Selbst in Richtung derjenigen Potenziale, die bereits angelegt sind und ausgelebt werden wollen. *„Man ist die eigene Zukunft, jedoch noch nicht entfaltet. Man ist noch eingefaltet"*, so David Bohm.[249] Die inneren Imagozellen wollen sich verknüpfen und entfalten. Doch auch beim Menschen lässt sich das Neuland eigener Möglichkeiten nur allmählich, Schritt für Schritt erkunden und erobern. Die Komfortzone des Altbekannten zu verlassen, heißt, sich ohne den Halt der EGO-Rüstung auf die Unsicherheiten des Kommenden einzulassen.[250]

Angst ist also der Preis für das Neue. Es ist der *Schwindel der Freiheit*, so Kierkegaard. Einzig das wahre Selbst dient uns dabei als Kompass, bietet Orientierung und Sicherheit in der Unsicherheit. Sich mit der Ungewissheit anzufreunden, braucht seine Zeit.[251] Rück- und Seitenschritte gehören bei der eigenen Potenzialerkundung dazu. Umwege erhöhen die Ortskenntnis auf dem Reifungspfad vom antrainierten EGO zu stimmiger Selbstentfaltung.[252] Jedes stimmige Ich wirkt im Außen wiederum wie eine soziale Imagozelle einer neuen Schmetterlingswelt. Sie ist auf sich alleingestellt jedoch weder überlebens- noch durchsetzungsfähig, sondern es braucht immer die Gemeinschaft und Vernetzung. Die südafrikanische Lebensweisheit des *Ubuntu* lautet schließlich: *ich bin, weil wir sind –sumus, ergo sum.*

Sozialökologische Transformation

Wie wir Menschen wirklich sind, und worauf wir zählen können, zeigt sich insbesondere dann, wenn wir am Ende eines langen Arbeitslebens in Krankheit und Alter pflegebedürftig werden. In der Pflege sollte Zwischenmenschlichkeit gelebte Praxis sein. Doch auch dort haben sich die Wirte der Wirtschaftlichkeit und der Optimierung breit gemacht. Medizinökonomie nennt sich das Ganze. Im Zentrum steht die Effizienzsteigerung von Krankenhäusern und Pflegeeinrichtungen, die Prinzipien von Leistung und Wettbewerb greifen inzwischen auch im Gesundheitsbereich. Aus der Perspektive der Prozessstandardisierung und Kostensenkung lassen sich auch Versorgung und Pflege wie Produktionsbänder in einer Fabrik takten. Das wechselnde Pflegepersonal hat seine minutiös geplanten Dienste in vorgegebenen Leistungs- und Zeiteinheiten zu absolvieren und alles detailliert zu dokumentieren, so dass es kontrolliert und abgerechnet werden kann. Das ist das Modell der Theorie X. Die Gesamtbilanz dieser Effizienzsteigerungsspirale ist absolut niederschmetternd. Pflegebedürftige fühlen sich oft ungesehen und unterversorgt, das Pflegepersonal unterbezahlt und überfordert. Die Entfremdung und die Entmenschlichung greift selbst in der Menschenpflege um sich.[253] Gewinner sind lediglich die Investoren, Betreiber und Manager, die sich ihre Hände gar nicht erst dreckig machen, sondern am Computer sauber die Einsätze planen, die Mittel kürzen und das Geschehen überwachen.

Einer dieser Manager, der Niederländer Jos de Blok kann das ganze Dilemma 2006 nicht mehr ertragen. Die Pflege funktioniert nicht wie eine Fabrik, so viel ist ihm klar. Also gründet er *Buurtzoorg*, die Nachbarschaftspflege mit einem radikal anderen Konzept. Alle Verantwortung für die ambulante Pflege daheim legt er vertrauensvoll in die Hände und Selbstorganisation der kleinen dezentralen Teams vor Ort. In Eigenregie schafft das lokale Pflegepersonal etwas, was auf den ersten Blick einem kleinen Wunder gleicht: sich wieder ganz auf die gemeinsame Zeit mit dem Mitmenschen, auf seine Pflege-, aber auch seine menschlichen Bedürfnisse einzulassen. Anstelle häufigen Personalwechsels machen die Nachbarschaftspflegerinnen kontinuierlich eine persönliche Begleitung möglich. Anstelle einer ökonomisch getriebenen Begegnung zwischen Dienstleister und Kunde tritt die soziale Beziehung zwischen den Menschen wieder in den Vordergrund. Mit genügend Zeit eben dafür: für alles Zwischenmenschliche. Einfach berührend. New Work im besten Bergmannschen Sinne: alle im

System können dabei wieder vornehmlich ganz Mensch und ganz sie selbst sein. Die Werte- und Prinzipienorientierung anstelle einer Regel- und Kontrollfixierung fördert die Zufriedenheit und Gesundheit auf allen Seiten, ohne zusätzliche Kosten zu verursachen. Mit individueller Hilfe zur Selbsthilfe und Unterstützung der Familie und der Nachbarn wird die Eigenständigkeit, das Kohärenzgefühl und damit die Salutogenese der Pflegebedürftigen gestärkt.[254]

Wenn wir einander zugewandt stärken- statt schwächenorientiert innere Schatzsuche statt äußerer Fehlerfahndung betreiben, werden wir frei, unser innewohnendes Potenzial zu entfalten, um die zu werden, die wir sein können.[255] Wo gemeinschaftlich Sinn gelebt wird, entspringt die Franklsche Selbstverantwortungsfreude wie von selbst. In der alten Welt des Falschen erscheint einem das Richtige zunächst wie ein *friendly Alien*, so der Organisationsforscher Frederic Laloux.[256] Aber solche Imagozellen des Neuen entpuppen sich in ihrer Andersartig- und Richtigkeit als äußerst attraktiv. Immer mehr Nachbarschaften, immer mehr Menschen schließen sich dem neuen Motto *Menschlichkeit vor Bürokratie* an, Imagozelle um Imagozelle. Mittlerweile kümmert sich *Buurtzorg* bereits um ein Fünftel des niederländischen Heimpflegebedarfs und hat zudem zwei Konkurrenzunternehmen erfolgreich auf das eigene Modell transformiert. Als neuer und anregender Teil des Systems sorgt dieser imaginierende *friendly Alien* für eine Systemveränderung. Seine Nachbarschaftspflege beginnt inzwischen auch in anderen Ländern wie Deutschland Fuß zu fassen oder vielmehr Hand anzulegen. Und die Manager? Die werden kaum noch benötigt und wo doch, dienen sie dem Personal als Coach und Begleiter, werden also zu den Handlangern, die sie wörtlich genommen – das lateinische *manus* bedeutet Hand – immer schon sein sollten.[257]

Das Geheimnis erfolgreicher Selbstorganisation liegt sowohl in der Eigenverantwortlichkeit als auch in dem beziehungsfördernden dialogischen Prinzip. *Spiel und Dialog sind grundlegend für unser Kohärenzgefühl, für unsere selbstwirksame Fortführung des Urvertrauens.*[258] Dialog kann von *dia* (durch) und *logos* (Wort oder Bedeutung) kommend als ein freier Sinnfluss verstanden werden, der unter uns, durch uns hindurch und zwischen uns fließt. Ein Dialogformat ist ein Kokon, in dem sich authentisches Leben vom Wesen aus entwickeln kann. Es geht auf Martin Buber sowie David Bohm zurück und ist gekennzeichnet durch Achtsamkeit und Wertschätzung. Jeder Teilnehmer orientiert sich an den vereinbarten Kommunikationswerten und wird damit zum Teilgeber, der zum Gelingen des Dialogs beiträgt.

Das Ich lernt, dem Du aufmerksam, geduldig und wertungsfrei zuzuhören. Alles anzunehmen und zu respektieren, was ist, und ganz bei sich zu bleiben. Und selbst nur vom liebenden Herzen, vom wahren Selbst aus zu sprechen. Ein Ich, das sich zeigen kann, wie es wahrhaftig ist, ist offen, auch jedes Du anzuhören und zu sehen, wie es seinem Wesen nach ist. Das Geheimnis des dialogischen Prinzips besteht in diesem wechselseitigen Berührungsmoment zwischen den Menschen. Wo Menschen wahrhaft Du zueinander sagen, kann sich ein wesenhaftes Wir ausbilden, so Martin Buber. Ein magischer Moment. Der alles verändern kann. Im wesenhaften Wir wird das Ich nicht weniger, sondern mehr, als es zuvor war.

Sobald sich das Ich wahrhaftig vom eigenen pluralen Wesen her offenbart, kann auch das Wir wesentlich werden, kann die Welt sich wesentlich verändern. Wesentlich heißt: menschlich. Der Kipp-Punkt für den sozialökologischen Wandel liegt in der Art und Weise, wie wir in den Wald unseres Miteinanders hineinrufen. Wer meint, Mensch und Natur seien im Grunde böse, erzeugt einen feindlichen Wettbewerb, Verdinglichung und Entfremdung. Und wird sich selbst fremd. Wer überzeugt ist, Mensch und Natur seien im Grunde gut, ermöglicht wechselseitige Entfaltung, Lebendigkeit und Resonanz. Und lebt das gute Leben. Wir ernten, was wir säen. Sobald wir nicht mehr nur stumpf Regeln befolgen, sondern wertorientiert nach Prinzipien handeln, sobald wir unsere Bedürfnisse offen aussprechen, unsere Beziehungen und Möglichkeiten mutig ausleben, wird aus dem bisherigen Müssen schon bald ein Wollen und Können und ergibt das Ganze auch mal mehr, statt weniger als die Summe der einzelnen Teile.[259] Das spielerisch-dialogische Phänomen der Emergenz ist selbst-, wir- und weltbewegend.[260]

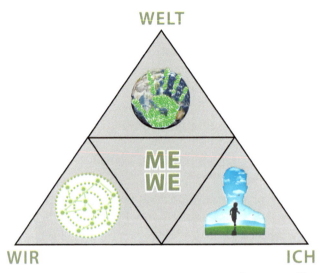

ME/WE: Welt, Wir und Ich im Handabdruck-Modus der Resonanz[261]

Die Welt läuft schon ein klein wenig runder, wenn wir runder laufen, im Einklang mit dem inneren Kind, miteinander und mit der Natur. In diesem Sinne hat die sozialökologische Transformation längst begonnen, denn überall auf der ganzen Welt verknüpfen sich lebensfreundliche zukunftsfähige Imagozellen. Die südafrikanischen Xhosa sagen: *Viele kleine Leute, an vielen kleinen Orten, die viele kleine Dinge tun, können das Gesicht dieser Welt verändern.* Wer die Menschenpflege wieder menschlich macht, wer gemeinsam Bäume pflanzt, Entwicklungsarbeit leistet, Solarzellen installiert oder sich vegan ernährt, macht unsere Welt schon heute ein Stück besser, sozialer und nachhaltiger und stiftet andere dazu an, mitzumachen. Bewusst handelnde Menschen erzeugen so einen positiven *Impact*, einen sozialökologischen Handabdruck als ihren Beitrag zur Erreichung der Sustainable Development Goals. Eine dieser weltverändernden kleinen Leute ist Sirja aus Hyderabad in Indien. Als Zehnjährige entwickelte sie im Rahmen einer Aktion vom indischen *Centre for Environment Education (CEE)* zusammen mit anderen den Handabdruck als Symbol für die eigene ökologische und soziale Wirksamkeit. *Education for Ecoaction.*[262]

Landebahnen für die Zukunft

Überall auf der Welt gibt es diese kleinen Orte, an denen kleine Leute lernen können, ihre Stärken zu erkunden und die Welt ein klein wenig besser zu machen. Diese kleinen Orte hören auf den Namen Schule. Pädagogik kann im ursprünglichen Wortsinn als Entfaltung von Geist und Seele interpretiert werden.[263] Die Schule soll dafür den Raum und die Muße bieten. Junge Menschen erhalten in diesem Kokon Zeit und Unterstützung, frei im Buch des Lebens zu blättern, zu lesen und sich ihr eigenes Menschen- und Weltbild zu bilden.

Doch in unserer Raupengesellschaft ist aus der ganzheitlichen, resonanzsensitiven Muße, die Schule bieten sollte, vielerorts ein entfremdendes kopflastiges Müssen geworden, statt um Beziehung geht es um Erziehung. Und zwar so, wie Severn Cullis-Suzuki es vor dreißig Jahren in Rio beschrieb: die Erwachsenen sprechen zwar belehrend von Tugenden, leben unbewusst aber jeden Tag vor, wie man nicht mit sich selbst, miteinander und mit der Welt umgehen sollte. Und die Kleinen machen es nach. Durch falsche Vorbilder lernen sie, dass und wie man sich als *Kleine Raupe Nimmersatt* durchsetzt, wächst und es zu etwas bringt. Alternative Gegenentwürfe, Bildungs- und Resonanzräume, in dem das wahre Selbst sich in Freiheit und Gemeinschaft herausbilden kann, haben es da schwer. So wie das Prinzip des Lernens mit Kopf, Herz und Hand von Heinrich Pestalozzi. Oder die Walldorfschule, die Rudolf Steiner nach den Prinzipien der Anthroposophie, wörtlich der Weisheitslehre des Menschen, konzipierte.

Einer der ehemaligen Walldis ist Claus Otto Scharmer. Otto wuchs in der Nähe von Hamburg auf einem alten Familienbauernhof mit Biolandwirtschaft auf. Nach dem Abschluss der Walldorfschule studierte er Wirtschaftswissenschaften und untersuchte, wie unsere Gesellschaft lern- und damit gegenwarts- und zukunftsfähig wird. Auch für ihn liegt der Schlüssel für das Richtige im Falschen, für das Arbeiten am System im System, im Dialogischen Prinzip. Scharmer nannte dies *Reflexive Modernisierung des Kapitalismus als Revolution von innen*. Während seiner Promotionszeit gelangte Otto Scharmer 1994 in die USA an das *Massachusetts Institute of Technology*, ans MIT. *There we are again.* Und hier wurde der Organisationswissenschaftler Edgar Schein sein Mentor, dessen Mentor wiederum Douglas McGregor gewesen war. Schon bald erkannten die beiden, welch elementare Weisheit sie noch immer mit McGregor verband: *Energy flows where attention goes.* Alles steht oder fällt mit der Achtsamkeit und der Haltung der handelnden Menschen. Unsere Wahrnehmung bestimmt unsere Wahrgebung. Wie sich eine Situation entwickelt, hängt davon ab, durch welche Linse wir schauen, mit welcher Haltung (X oder Y oder Z) wir an sie herantreten. Unser Bewusstsein bestimmt unser Sein.

Will der Mensch etwas in der Welt verändern, besteht der ultimative Trick nach Otto Scharmer darin, den existenziellen U-Turn zu wagen, die Blickrichtung zu ändern:[264] *„von der Bekämpfung des Alten hin zu einem Erspüren und ‚Gegenwärtigen' der jeweils größten Zukunftsmöglichkeit."* Das Licht der Zukunft kann sich nur zeigen, wenn wir die Schatten der Vergangenheit, unsere Egoismen aus dem Spiel des Gewinnens oder Verlierens, überwinden. Die Lösungen von morgen erfordern unsere Lösung vom gestern oder mit anderen Worten: zu entlernen und zu entwerden. Denn, wie Martin Buber erkannte:[265] *„nur dadurch, dass das Du gegenwärtig wird, entsteht Gegenwart."* Und Zukunftsmöglichkeit. Das Futur braucht unsere Präsenz. Statt anachronistisch fortzuschreiben, was uns in die Bedrängnis gebracht hat, gilt es, in achtsamer Verbundenheit die Aufmerksamkeit von außen nach innen zu verlagern. Scharmer nennt das: *Landebahnen für die Zukunft* bauen. Und damit vom Problem zur Lösung, von der Wiederholung zur Differenz, von der Vorbestimmtheit zur Bestimmung gelangen.[266] Die Imagination einer bestmöglichen Zukunft ist der Grundgedanke von Otto Scharmers Theorie U. Denn *„das Leben ist eine Tätigkeit, die sich vorausentwirft"*, so José Ortega y Gasset.[267] *„Das Leben ist Futurition, Ins-Künftige-Tun, ist das, was noch nicht ist."*

Die Theorie U ist ein das Gestern und das EGO transzendierender, schöpferischer Dialog des Erspürens, Entwerfens und Ausprobierens von Zukunftsmöglichkeiten.[268] Scharmers Zukunftswerkstatt für soziale Innovationen namens *U-Lab* durchläuft drei Phasen: die Loslösung von der Vergangenheit, das *Presencing* – zusammengefügt aus *presence* (Gegenwart) und *sensing* (erspüren) – und die Zukunftsgestaltung.²⁶⁹ Die U-Form und die Grundintention entspringen Rudolf Steiners *Philosophie der Freiheit*.²⁷⁰ Die Theorie Zukunft erschließt sich so auf einen Blick:

Entlernen und imaginieren als U-Turn der Metamorphose Mensch
(in Anlehnung an Otto Scharmers Theorie U)

Der Mensch ist ein Gewohnheitstier und wird sich selbst damit zum Problem. Denn die Verlängerung der Vergangenheit hat jetzt keine Zukunft mehr.²⁷¹ Das Zerstörerische von gestern, den Teufelskreis aus Gewinnen und Verlieren, zu entlernen und Zukunftsfähiges für morgen frei zu imaginieren, ist der U-Turn für die Metamorphose der Menschheit. In der linken Hälfte vom U werden dabei die Muster der Vergangenheit erkannt und losgelassen. Im gemeinschaftlichen Resonanzraum im unteren Bogen geht es um die Kunst der Gegenwärtigkeit und des Erspürens der bestmöglichen Zukunft. Das Du und das Ich verbinden sich im wesenhaften Wir und öffnen Kopf, Herz und Hand für den Potenzialraum dessen, was anwesend werden möchte.²⁷² Auf der rechten Seite vom U wird die erspürte Zukunftsmöglichkeit im Vorangehen erkundet. Die Vergegenwärtigung im *Presencing* und das Entfalten und Ausprobieren bilden die Lande- und Startbahn für die Zukunft. *Imagineering* ist das neue *experimentum mundi*.²⁷³

Umwege erhöhen die Ortskenntnis lautet die Devise aller *Zukunftsimagineure*, aller *Futurepreneure*.²⁷⁴ Denn im Leben gibt es keine falschen Richtungen und Fehler, sondern nur neue Erfahrungen.²⁷⁵ Von den Erfahrungen der ersten Schritte in verschiedene Richtungen und dem Feedback auf die Prototypen wird so lange gelernt, bis die Produkte und Dienstleistungen mit ihrem sozialen oder ökologischen *Impact* reif für eine erste Realisierung sind.[276] Auch der bedrohlich große Elefant namens Zukunft lässt sich schließlich nur in kleinen Scheiben, Imagozelle um Imagozelle, entwerfen. Nur durch radikal-inkrementelles Basteln und Ausprobieren lässt sich unsere Zukunftsfähigkeit schrittweise ausdehnen.[277]

Ob aus solchen Reallaboren für Utopisten zeitnah Utopien für Realisten entstehen?[278] Zukunft ist immer, was wir daraus machen. Träumer, die auch handeln, sind die wahren Zukunftsgestalter.[279] Die eigene Lebenszeit ist dabei die einzige Währung, die wir haben. Kopf, Herz und Hand sind unser ganzes Kapital: Denken, Fühlen und Wollen. Denn im Leben geht es in jedem wundersamen, Zukunftspotenzial in sich tragenden Moment ums Ganze. Es geht jeden Moment um das Momentum. In jedem, *als ob Du zum zweiten Mal lebst*, in jeder *Einübung eines anderen Lebens in den Zwischenräumen des Bestehenden*, steckt eine wahrhaft transformative Kraft.[280] Lebendige Fenster in die Zukunft, in denen Du so lebst, wie Du Dir wünschst, dass in der Zukunft gelebt wird, lassen sich nicht nur in der Kunst und im Theater öffnen.[281] Auch im wahren Leben ist jede Versuchsbahn, jeder Selbstentwurf des Richtigen im Falschen zukunftsweisend. Alles irgendwie Mögliche wird nur im Ausprobieren zur Wirklichkeit.

„Das gelingende Leben ist ein Modell – ein Modell seiner selbst. Anders gesagt, die Aufgabe ist es, Modelle eines gelingenden Lebens aufzustellen und auszuprobieren; Versuche, Experimente praktischer Art zu unternehmen. (…) Aber dieser Unterschied ist ein Unterschied ums Ganze: ein Unterschied im Zustand der Welt und der Einzelnen gleichermaßen. In einer anderen Welt sind wir ganz andere. (…) Was das für den Zustand der Einzelnen und ihrer Zusammenschlüsse bedeutet, darüber wissen wir noch fast nichts. Davon haben wir bisher nur Ahnungen."

Michael Hirsch (*Richtig falsch*, 2019, S. 64 f. und S. 81)

Morgen
Entfalten und ausprobieren

Meine ganz persönliche Landebahn für die Zukunft, die jeder neue Tag offenbart, hört auf den Namen *Madrugada*. Das spanische Wort meint die transzendierende Zeit der Morgendämmerung, die Blaue Stunde, wenn es nicht mehr ganz dunkel, aber auch noch nicht ganz hell ist. So geht es auch meinem Geist und meiner Seele, wenn ich im Zwielicht langsam aus der Nacht dämmere. In der Schwebe zwischen Traum und Wirklichkeit fliegen mich manchmal ganz besondere Strömungen an, die dann nach und nach Gestalt und Form annehmen oder auch nicht. Mein frühmorgendlicher Geist ist wie ein Stück weißes Papier in der unbewussten Erwartung, mit ersten Gedanken und Gefühlen beschrieben zu werden.

Das *Madrugada* kann in zwei ganz unterschiedlichen Gewändern erscheinen. Wenn ich im Stress und unter Druck bin, in der inneren Negativspirale des misstrauenden Mindsets X verhaftet, brauen sich dunkle Wolken an Befürchtungen zusammen, was heute schiefgehen könnte, was ich vergessen haben könnte, und und und. Ganz anders ist es, wenn ich entspannt bin, in den positiven Vibes eines mitfühlenden Mindsets Y, eines zukunftsvertrauenden Mindsets Z aufgehoben, wie so oft beim Schreiben dieses Buches. Dann küsst mich in diesem Moment des *Madrugadas* die Muse eher wohlwollend wach und ich lausche der Resonanz des Kosmos in meinem Inneren.

Dass *Madrugada* die Morgendämmerung bezeichnet, weiß ich dank der gleichnamigen norwegischen Band. Wenn die letzten Töne des Dämmerliedes verklungen sind, bleibe ich noch eine Weile liegen, halte inne, ob da nicht noch was kommt nach der eintretenden Stille – ein *hidden track*. Wenn, dann geht der schöpferische Tanz in eine weitere schwungvolle Runde. Wenn nicht, dann stehe ich auf und gestalte aus, was mir im *Madrugada* eingeflüstert wurde. Ich klappe meinen Laptop auf und meine Finger gleiten über die Tastatur. Die Worte formen sich wie von selbst: *Meine ganz persönliche Landebahn für die Zukunft, die jeder neue Tag offenbart, hört auf den Namen Madrugada.*

Die Zukunft liegt in unseren Händen = richtig im Richtigen

Jeder neue Morgen ist wie eine Wiedergeburt. Das Leben ist Möglichkeit und Spiel. Der Mensch ist ein Mängel-, aber auch ein Fähigkeits- und Möglichkeitswesen.[282] Jeder neue Tag ist wie eine Spielwiese.

> *„Denn, um es endlich auf einmal herauszusagen, der Mensch spielt nur, wo er in voller Bedeutung des Wortes Mensch ist, und er ist nur da ganz Mensch, wo er spielt. Dieser Satz, der in diesem Augenblicke vielleicht paradox erscheint, wird eine große und tiefe Bedeutung erhalten, (...), er wird, ich verspreche es Ihnen, das ganze Gebäude der ästhetischen Kunst und der noch schwierigeren Lebenskunst tragen."*
>
> Friedrich Schiller (*Briefe über die ästhetische Erziehung des Menschen*, 1795, 15. Brief)

Ludo, ergo sum – ich spiele, also bin ich. Die Chancen, die sich einem *homo ludens* offenbaren, hat der Religionsphilosoph James Carse in seinem Buch *Endliche und unendliche Spiele* in Worte gefasst.[283] Carse unterscheidet darin zwei Arten von Spielen: endliche Spiele, die man gewinnen oder verlieren kann, versus dem unendlichen Spiel des Lebens, das immer weitergeht. Die Spielweisen der Theorie X und der Theorie Y sind beide vom endlichen dualistischen Typ: gewinnen zu wollen, ja gleichsam zu müssen, lautet das Spielprinzip des Wachstums.

Im unendlichen Spiel der Zukunft hingegen gibt es keine Individual- oder Kollektivgewinner und entsprechende Verlierer mehr. Das unendliche Spiel des Lebens endet nicht mit Sieg und Niederlage. Das unendliche Spiel will nur eines: immer weitergespielt werden, alle im Spiel behalten, um ein Ende des Spiel des Lebens zu verhindern. Damit dies gelingen kann, müssen sich – wie von Greta Thunberg gefordert – die Spielregeln im Laufe des Spiels ändern, um den Sieg einiger weniger auf Kosten vieler anderer zu verhindern. Nur wenn wir wandlungsfähig werden, bleiben wir überlebensfähig. Im unendlichen Spiel des Lebens, in der Natur, sterben zwar die Spieler, aber das Spiel selbst geht immer weiter. James Carse beschert uns mit seiner Spielphilosophie eine zukunftsträchtige Botschaft mit einer weltverändernden Synthese: *Es gibt ein richtiges Leben im Richtigen.*

Sobald wir Menschen uns als komplex verwobene Prozesselemente des ökologischen Kreislaufs verstehen, als das, was wir eigentlich sind, *seltsame Schleifen des endlos verflochtenen Bandes des Lebens*, fremdeln Welt, Wir und Ich nicht mehr miteinander.[284] Sondern finden wir zurück zur natürlichen Einheit und Ganzheitlichkeit allen Seins, zum *Interbeing*. Auch die Ökologie folgt einer Philosophie, diese Weisheit der Natur nennt sich Ökosophie. Diese tiefenökologische Denk-, Fühl- und Handlungsweisheit geht auf den Norweger Arne Næss zurück.[285] Demnach hat jegliches Leben, hat jegliche Natur einen Wert an sich, den es schätzens- und schützenswert macht. Ökologie, Gesellschaft und Lebensstil sind untrennbar miteinander verwoben. Unser aller Handeln manifestiert sich in positiven Rückkopplungsschleifen in unserem Sein. *In großem Umfang machen wir uns selbst zu dem, was wir sein und erleben werden* und erschaffen so die uns umgebende Welt.[286] So, wie sie ist und auch wie sie werden könnte. Das Vermächtnis von Arne Næss lautet: *Die Zukunft liegt in unseren Händen.*

ECO - ökosophische Weltresonanz

Eine tieferliegende Ursache für unsere Meta-Krise in ökologischer, ökonomischer sowie sozialer und psychologischer Hinsicht ist unsere transzendentale Obdachlosigkeit. Die Entzauberung der Welt hat ihren Ursprung in der Entzauberung des Menschen, in unserer fundamentalen Abkopplung von unserer eigenen Menschlichkeit.[287] In der Entfremdung von Gefühlen, Gemeinschaften und Natur liegt der Kern unseres existenziellen Vakuums und unserer Massenneurose. Otto Scharmer unterscheidet in seiner Analyse drei fundamentale Brüche zwischen dem inneren Selbst und der äußeren Welt: ökologisch, sozial und spirituell. Ökologisch handelt es sich um die Spaltung zwischen Selbst und Natur, zwischen Ich und Welt, sozial um die Trennung zwischen Selbst und anderen, zwischen Ich und Wir. Die spirituelle Bruchlinie verläuft innerhalb des eigenen Ichs, *„zwischen dem, der ich heute bin, und dem, der ich morgen sein könnte, also meiner höchsten Zukunftsmöglichkeit"*.[288] Der entscheidende Evolutionsschritt liegt also in der grenzerweiternden Potenzialentfaltung des Ichs und auch des Wirs, in der Transzendenz des individuellen wie des kollektiven Selbst.[289]

Das Ich ist nicht nur das Resultat seiner im Wir eingebetteten Vergangenheit, sondern jederzeit zugleich auch die Transformation dieser Vergangenheit und damit auch des Wirs.[290] Persönliche und soziale Entwicklung heißt, Grenzen in Möglichkeiten zu übersetzen und so den Möglichkeitssinn der Welt zu erweitern.[291] Dahinter steckt das Geheimnis des Holismus: der Mensch wird heil und ganz (*whole*), indem er sich selbst aufs Spiel setzt, den Radius und die Intensität der eigenen Zwischenmenschlichkeit erweitert und sein göttliches (*holy*) Potenzial vollständig lebt.[292] Im Zusammenspiel von Resonanz und Transzendenz lassen sich alle Entfremdungen überwinden. Unser Zukunftspfad führt uns von der Vereinzelung der menschlichen Primzahlen zum Ganz- und Einswerden.[293] Vom fragmentarisierenden Indivi-Dualismus zum holistischen Heil-Werden in der Weltgemeinschaft.[294]

Der Gemeinschaftssinn hält, was er verspricht, und schenkt uns sowohl Gemeinschaft als auch Sinn. Die wahrhaftige Verbindung von Menschen erzeugt einen *physischen, geistigen und emotionalen Organismus*.[295] Aus der Resonanz von Du und Ich wird ein stimmiges Wir. Zukünftige Organisationen werden im Wesentlichen wie lebendige Organismen agieren. Selbstorganisiert ordnen sich ihre Zellen, die Mitarbeiter, so im Team an, dass sie als Teilgeber sowohl ihrem eigenen Potenzial als auch dem gemeinschaftlichen Beitragssinn für die Welt gerecht werden.[296] Jede Organisation bildet entsprechend seines *Purpose* dasjenige Organ des gesellschaftlichen Ökosystems aus, welches in ihrem einzigartigen Zusammenspiel enthalten ist: ein Auge oder ein Ohr, die helfende Hand wie im Fall der Nachbarschaftspflege *Buurtzorg* oder gar: ein Herz als Symbol des Lebens und der Verbundenheit. Alles ist möglich.

„Um glücklich und zufrieden, mutig und zuversichtlich leben zu können, müssen wir die Intelligenz und Kraft unserer Gefühle wieder erkennen, schätzen und nutzen lernen", so der Hirnforscher und Potenzialentfalter Gerald Hüther in *Was wir sind und was wir sein könnten*.[297] *„Wir müssten versuchen, die verloren gegangene Einheit von Denken, Fühlen*

und Handeln wiederzufinden. Sonst laufen wir Gefahr, uns selbst zu verlieren." Im dynamischen Zusammenspiel von Kopf, Herz und Hand gelangen Welt, Wir und Ich in die Balance, wie im Yoga so auch im Leben.²⁹⁸ Weltverbesserung nimmt ihren Anfang in der ganzheitlichen Introspektion, Meditation und Übung.

ECO: Welt, Wir und Ich im Herzabdruck-Modus der Theorie Zukunft²⁹⁹

Eine holistische Transformation der Gesellschaft, ihrer Organisationen und Menschen kreiert Einheit in der Vielfalt eines universalpoetischen Füreinanders. Die Utopie, das griechische *U-topos*, ist der Ort, an dem wir heute noch nicht sind, an den wir aber morgen gelangen können.³⁰⁰ Ökologisch und gesellschaftlich zukunftsfähig zu haushalten, nachhaltig sowie sozial gerecht innerhalb des Donuts, wäre kein moralisches Postulat mehr, sondern eine intrinsisch gelebte Selbstverständlichkeit. Der Herzabdruck symbolisiert: Alles, was wir sind, alles, was wir täglich tun, färbt auf die Welt ab. Das Schlechte in der Welt wird nur weniger, wenn wir es nicht weiterleben und weitergeben. Das Gute in der Welt wird mehr, wenn wir es teilen und dabei gemeinsam heilen. Seelisch, sozial und global. Ein jeder Mensch trägt mit seinem individuellen Leben zur kollektiven Lebensphilosophie bei. *Everyone every day counts for future.*

Der Mensch sehnt sich nach der Ganzheit in innerer und äußerer Verbundenheit. Die von Arne Næss verheißene *self-realization* eines universalen ökologischen Selbst ist wie eine zweite Menschwerdung. Seine *Ecosophy T* ist eine Ökosophie der Herzen.[301] In ganzheitlicher Arbeits-, Denk- und Lebensweise zerfließen die Grenzen zwischen Welt, Wir und Ich. Zwischen Selbstliebe, Nächsten- und Fernstenliebe, Natur- und Weltliebe. Zu leben heißt zu lieben, heißt eins zu sein: mit sich selbst, mit der Gemeinschaft und mit dem Ganzen.[302] Aus der Selbst- wird Wir- und schließlich Weltresonanz, mit Joachim Bauer:[303] *Fühlen, was die Welt fühlt*. Wenn Gefühle nicht mehr weniger zählen als Zahlen, kann sich eine metahumane Wirtschaft, eine transkulturelle Politik und eine naturverbundene Gesellschaft der Liebe entfalten: der *evolutionäre Ökohumanismus*.[304] Die Liebe zur Welt und zum Leben, Hannah Arendts *amor mundi*, ist die Zukunftsmusik des menschlichen Vertrauens darauf, dass wir gemeinsam unser höchstes Potenzial entfalten. Die Vereinten Nationen scheinen dafür noch nicht der Weisheit letzter Schluss zu sein. Was wir im Kern brauchen, sind weniger United Nations als vielmehr United Hearts.

Sowohl die Ökosophie als auch die Theorie Z wurzeln in der EGO-Transzendenz und im Taoismus.[305] *Tao* bedeutet so viel wie der mittlere Weg, auf dem alle Gegensätze aufgehoben werden. *Die Grundformel des Universums ist nicht Entweder-oder, sondern Sowohl-als-auch*.[306] Philosophie und Tod, Physik und Taoismus, Buddhismus und Nachhaltigkeit, Achtsamkeit und Zukunftsfähigkeit haben mehr gemein als man zunächst vermuten könnte.[307] Die Kraft der Verbindung liegt im *und*. Das Prinzip Hoffnung *und* das Prinzip Verantwortung, die Freiheit *und* die Notwendigkeit, das Fühlen *und* das Denken finden im Prinzip Handeln zueinander.[308] Arbeit und Spiel, Außen und Innen, Chaos und Kosmos, Digitalisierung und Humanisierung, Dringlichkeit und Möglichkeit, Freude und Schmerz, Geist und Gefühl, Gesellschaft und Natur, Ich und Wir, Leben und Sterben, Tun und Lassen, Verbundenheit und Freiheit, Wir und Welt, Wissenschaft und Spiritualität, Yin und Yang entfalten sich in ihrem Zusammenspiel. Nur bei Sonne und gleichzeitigem Regen offenbart sich das Schauspiel des Regenbogens.[309] Aus Ökonomie und Ökologie wird Ökosophie. Weisheit des Lebens. Alles ist eins.

Vom Gegeneinander über das Miteinander zum Füreinander

„*Die Welt ist nicht die Summe der Dinge, sondern die Symphonie der Beziehungen*", so der Biologe und Philosoph Andreas Weber.[310] Das Leben besteht aus wechselseitigen Relationen und permanentem Wandel. Die Welt ist immer im Fluss, sie existiert nicht, sondern sie ereignet und verändert sich.[311] Jedes Heute ist aber immer auch noch von gestern, jedes Morgen somit stets ein Kind von heute. Unsere eigenen Wege und der komplexe Lauf der Welt entstehen beim gemeinsamen Gehen. „*Alle Beziehungen sind Transformationen, aus denen Ich und Welt durch einander verändert vorgehen. In diesen Beziehungen werden wir zu dem, was wir sein können, aber vorher nicht waren.*" Wir sind nicht nur das System, sondern auch der Wandel.[312] Nichts geschieht ohne unser Zutun und Zulassen. Das Spiel des Lebens, die Zukunft, die ganze Welt, alles liegt in unseren Händen. Wie wir heute leben, ist überlebenswichtig.

Das menschliche Leben ist permanente Grenzerweiterung. Innerer und äußerer Gestaltungsraum gedeihen dabei Hand in Hand. Die entscheidende Grenze ist die, in der es um einen fundamentalen Musterwechsel geht: vom endlichen Spiel des Gewinnens und Verlierens zum unendlichen Spiel des Entfaltens und Ausprobierens, von äußeren Quantitäten zu inneren Qualitäten. Bislang spielen wir das Spiel des Lebens noch unter unseren Möglichkeiten. Um zur besten Version unserer Selbst zu werden, braucht es einen grundlegenden Wandel unseres Selbstbildes von der Theorie X (der Mensch ist im Grunde böse) über die Theorie Y (der Mensch ist im Grunde gut) zur Theorie Z wie Zukunft: der Mensch ist im Grunde göttlich – in seinem Potenzial, in seiner Natürlichkeit, in seiner Menschlichkeit. Wir alle sind Lebensunternehmer, und zwar in multiplen Gewändern: *Ich-Entrepreneure, Wir-Intrapreneure, Welt-Futurepreneure*. Mit dem Menschenbild wandelt sich auch unser Zusammenspiel: vom Gegen- und Nebeneinander in der Old Economy über das Miteinander im New Work bis zum Füreinander in einer neuen Kultur der Zukunft.[313]

Das Arbeiten und In-der-Welt-Sein in der Old Economy erinnert mich dabei ein wenig an das Im-Wasser-Sein im Schwimmunterricht in der Schule. Wir lernen unsere Technik zu verbessern und unsere Bahnen schneller und schneller zu schwimmen. Unsere Surfbretter voller anderer Potenziale außerhalb des Schwimmbeckens interessieren hier nicht. Die Nutzung des Wassers beschränkt sich auf die wöchentliche Schwimmstunde und aufs immer schnellere Schwimmen der eigenen Bahnen im Wettstreit gegen uns selbst und gegen die anderen. Besonders schnelle Schwimmer können später, wenn sie einmal groß sind und fleißig weiter trainieren, auch entsprechend große Titel gewinnen, wie beispielsweise den eines *Chief Executive Officers (CEOs)*.

Dagegen fühlt sich New Work wie ein Surfurlaub mit Freunden an: Zunächst richten wir uns ganz familiär auf dem Campingplatz namens *Co-Working-Space* ein und erfreuen uns der wechselnden Teamduelle am Tischkicker. Auf der Suche nach der perfekten Welle für unsere Kunden packen wir dann so oft es geht die Surfboards unserer Potenziale aus und surfen gemeinsam, was das Zeug hält. Wenn der Wind denn passt, schließlich hängen wir ja vom äußeren System ab. Verbringen wir mal wieder mehr Zeit an Land als auf dem Wasser, fühlen wir uns richtig, aber im Falschen.

Auf dem Surfboard halten wir uns immer nur für einen kurzen Moment und schon fallen wir wieder ins Wasser. Manchmal ärgern wir uns auch darüber. Dabei bleibt, wenn alles ins Schwimmen gerät, nur Schwimmen. Aber anders. Nicht mehr wie früher auf Zeit, sondern einfach so. Aus reiner Freude daran. Immerfort. Im Meer puren Seins sind wir wie die Fische in unserem Element: richtig im Richtigen.

Das Ende der Arbeit, wie wir sie kannten, steht unmittelbar bevor. Schon morgen wird es im Blick zurück auf unser hyperbeschleunigtes Heute nur verwundert heißen: *Sie nannten es Arbeit.*[314] Diese After-Work-Party geht in die Geschichtsbücher ein, denn sie wird nicht enden.[315] Die zutiefst menschliche Antwort auf das selbstkonstruierte *höher-schneller-weiter* der heutigen Lohnarbeit lautet: *achtsamer-verbundener-wahrhaftiger*. Eine neue Welt, ein neues In-der-Welt-Sein ist möglich:[316] Vom Fußabdruck des Habens zum Herzabdruck des Seins. Vom EGO zum ECO.

Entfalten und ausprobieren

Gestern	Heute	Morgen
Theorie X	Theorie Y	Theorie Z
Old Economy	New Work	New Culture
Ökonomie	sozialökologische Transformation	Ökosophie
Egoismus	Altruismus	Holismus
survival of the fittest	survival of the friendliest	survival of the whole
im Grunde böse	im Grunde gut	im Grunde göttlich
Effizienz	Emergenz	Essenz
Verdinglichung	Verlebendigung	Entfaltung
Entfremdung	Resonanz	Transzendenz
falsch im Falschen	richtig im Falschen	richtig im Richtigen
Fußabdruck	Handabdruck	Herzabdruck
Haben	Entwerden	Sein

Vom *Ich bin alles* über *Wir sind alles* zum *Alles ist eins*. Aus dem *Leben von* und dem *Leben mit* wird ein *Leben für*.[317] Wer barfuß im Herzen unterwegs ist, hinterlässt keine Fußabdrücke, sondern Herzabdrücke. Wenn wir uns selbst genügen, ist genug Welt für alle da. Aus dem Überleben des Stärksten wird das Überleben des Ganzen.[318] Im wilden

Tanz von Welt, Wir und Ich.³¹⁹ *Salto ergo sum* – ich tanze, also bin ich. *Saltamus ergo sumus* – wir tanzen, also sind wir. Im indi(e)genialen Tanz des Lebens ist jeder ein Tanzschüler und jeder ein Tanzlehrer.³²⁰

▸

My ego is a sucker,
a sucker on the wine.
Hör endlich auf zu werden,
fang endlich an zu sein!

Fortuna Ehrenfeld (*Heiliges Fernweh*, 2019)

Fazit
Vom Haben zum Sein

Stoppt der Mensch das zerstörerische Wachstum oder wird er von ihm gestoppt? Gestalten wir oder werden wir gestaltet? Lebe ich oder werde ich gelebt? Welt, Wir und Ich sind nicht nur Gewordene, sondern immer auch Werdende. *Die Zukunft konstituiert sich in jeder Gegenwart neu.*³²¹ Sie ist das, was wir aus unserem Leben und unserer Gemeinschaft machen. Wir alle sind klima- und sozialsystemrelevant. Dabei ist die eigene Lebenszeit die einzige Währung, die wir haben. Mit jedem einzelnen unserer Tage hier auf Erden schreiben wir eine Flaschenpost an unsere Enkel.

Manchmal muss es erst schlechter werden, damit es besser werden kann. *Wirtschaftswachstum bedeutet Klimawandel – atmosphärisch wie sozial.* Günstige Gelegenheiten tarnen sich gelegentlich als bedrohliche Risiken. Der charmanten Gottheit Kairos steht dann der unnachgiebige Titan Chronos gegenüber. *Das Hindernis ist der Weg.*³²² Und wer, wenn nicht der Mensch, ist prädestiniert dazu, diese Chiffren der Transzendenz zu entziffern und über sich selbst hinauszuwachsen? Leben ist immer eine Entscheidung. Zwischen dem Fußabdruck des Habens und dem Herzabdrucks des Seins. Zwischen Selbstentfremdung und Weltresonanz. Zwischen EGO und ECO. Alles liegt in unseren Händen, ist Spiel und Möglichkeit. Wir haben jetzt die Wahl, den Spielmodus zu ändern. Wenn eine einzelne Imagozelle die seltsam schöne Verwandlung von der Raupe zum Schmetterling anstoßen und ein einziger Flügelschlag dieses Schmetterlings einen Orkan am anderen Ende der Welt auslösen kann, wenn der freitägliche Schulstreik einer 15-Jährigen als Klimabewegung um den Globus geht – worauf warten wir dann noch?[323]

Der Weg in eine bessere Welt ist niemals geradlinig, sondern er führt durch ein Labyrinth.[324] Evolution basiert auf Versuch und Irrtum: Umwege erhöhen die Ortskenntnis, die Selbst-, Wir- und Weltkenntnis. Die menschliche Zukunftserkundung ist ein verschlungener Pfad weg von einer spaltenden Ökonomie voller Schmerzen hin zu einer liebevollen Ökosophie der vollen Herzen. Die Weltzerstörung beenden zu wollen, beginnt daher stets mit der *Selbstentstörung*.[325] Jede Transformation resultiert aus Bewusstseinswandel: *System Change needs Inner Change*. Aus der äußeren Diktatur des Jetzt und des Zwecks können wir uns nur befreien, wenn wir anfangen, unsere Herzensangelegenheiten zu erspüren, zu kommunizieren und zu leben. Mehr als alles, was man zählen kann, zählt das, was man nicht zählen, aber erzählen und leben kann.[326] Den unendlichen inneren Reichtum zu erkennen, statt dem äußeren hinterherzurennen, vermag scheinbar Seelenlose in schwerelos Lossegelnde zu verwandeln.

Was die Raupe Ende der Welt nennt, nennt der Rest der Welt Schmetterling.

Laotse

Anekdote

⏮

Ein Mann kam zu Buddha und sagte:
„Ich will Zufriedenheit."

Und Buddha sagte:
„Lass das Ich weg, das ist Ego. Dann lass das will weg, denn das ist Verlangen. Und dann sieh, was übrigbleibt: Zufriedenheit."

⏭

q.e.d.

Jetzt

ist ein interessantes Wort,

um eine ganze Welt und ein ganzes Leben zu beschreiben.

Ernest Hemingway

Outro

Danke 118

Zum Weiterlesen 120

Endnoten 121

Literaturverzeichnis 156

Zum Autor 177

Danke

Das Schreiben dieses Buches war ein zweieinhalbjähriger intensiver Prozess, in mancherlei Hinsicht ein Grenzgang. Vielleicht die Halbzeitbilanz meines Lebens, womöglich auch *mein Last Song* – wer weiß das schon? Umso mehr danke ich für alle Unterstützung. Das hier vorgestellte generisch-evolutionäre Meta-Modell zur Transformation von Mensch, Organisation und Gesellschaft hin zu einem von äußeren und inneren Zwängen weitestgehend befreiten ganzheitlichen Füreinander innerhalb der planetarischen und sozialen Grenzen ist kein wissenschaftliches Konzept, sondern lediglich ein philo-, oder besser: ökosophisches Framework für eine Suchrichtung. *Alles zu Ende denken zu wollen, hieße, nichts Neues beginnen zu können.*[327] Die titelgebende Kurzformel *Vom EGO zum ECO* verdanke ich Otto Scharmer, dessen Theorie U sich als entscheidendes Mosaikstück für meine Theorie Zukunft erwies.

Großen Dank spreche ich zwei Pionieren der Transformationskunst aus, von und mit denen ich viel über die Menschenbilder X und Y, über Systemtheorie und Haltung, über Theorie und Praxis habe lernen können. Ohne euch, ohne die vielen unfassbar inspirierenden Menschen im *VORSPRUNG*-Kosmos und gemeinsame Erlebnisse, Erkenntnisse und Ergebnisse wäre dieses Buch so nicht möglich gewesen: Dr. Christian Kugelmeier und Andreas Loroch. Auch allen anderen *Vorspringern* danke ich von ganzem Herzen, Dr. Susanne Janeba für wertvolles Feedback zum Kapitel 2 zum Wir und Bert Kruska für die abschließende Anekdote dort.

Mein besonderer Dank gilt allen, die mir zu einer früheren, anderen Version des Manuskripts wertvolles Feedback und inspirierende Anregungen gegeben haben: Sina Arndt, Elvira Hanemann, Norbert Lönnig, Theda Rehbock, Lutz Schmolla, Barbara Wagner sowie ganz besonders Birgit Mucha. Ebensolcher Dank gebührt den Korrekturlesern der Endversion: Ellen Beyer, Ute Kretschmann, Sabine Pracht sowie ganz besonders Matze Lawin. Norbert und Theda, die mir beide sehr dabei geholfen haben, meine innere Erzählstimme für dieses Buch zu entfalten, weilen inzwischen nicht mehr unter uns – ihrem Gedächtnis sei dieses Buch gewidmet.

Einen gesonderten Dank spreche ich drei Hamburger Deerns aus, die mit dem unmittelbaren Text dieses Buches noch gar nicht in Berührung gekommen sind, denen ich aber wohl den Mut verdanke, dieses Projekt angegangen zu sein. Dr. Ariane Ostermann für ein Coaching, welches mir sehr geholfen hat, meinen Weg zu erkennen und auch zu gehen. Dörte Nuhn für das *Einfach-Mal-Anfangen* mit unserem gemeinsamen ersten Buch, einiges konnte ich hier aufgreifen und fortführen. Doris Tito, der wir den entscheidenden Kontakt zum Kreutzfeldt-Verlag und den finalen Impuls zur Veröffentlichung jenes Vorgängerbuchs verdanken. Kein zweites Buch ohne ein erstes. Als dessen größtem Fan danke ich zudem Ilona Kühling für den Rückenwind.

Alles was ich hier geschrieben habe, ist auch ein Spiegel der Geschichten und Menschen, in die ich mich bisher verstrickt habe: Ihr alle habt meine seelische Festplatte mitbeschrieben und ergo auch dieses Buch mitverfasst. Herzlichen Dank meinen Eltern Maria und Wim als Erstbeschreibern, auch für alle Unterstützung während dieses Projekts. Dem schließe ich einen kleinen und sehr unvollständigen Auszug aus dem *Alphabet meines Herzens* an, allen anderen an dieser Stelle auch meinen herzlichen Dank, ihr alle steckt in diesem Buch mit drin:[328] Amrey und Andrea, Anneheide und Annilu, Anja, Claudia und Cord, David und Dieter, Ellen und Erika, Holger und Henry, Inga und Jens, Jessica und Jonathan, Jost, Judith und Julia, Katja und Kim, Lea und Linn, Lindsay und Marlon, Marijke und Michael, Natalie und Norbert, Nicole und Nils, Oliver und Peter, Patrick und Peer, Ramona und Sascha, Steff und Uli, Thorsten und Tom, Veit und Viola, Walter und Wolfgang. Last but not but least: *Dank je wel, Simon*, Sie erinnern sich, Simonstown ...

Für das Buch, das Sie in Händen halten, danke ich dem oekom-Team für die vertrauensvoll co-kreative Zusammenarbeit, insbesondere Clemens Herrmann, Maike Hofma, Mirjam Höschl (Covergrafik), sowie extern Volker Eidems (Layoutunterstützung) sowie Matthias Reihs (Grafiken). Für den kleinen, aber feinen Soundtrack danke ich Padma Newsome (Leadsänger der Clogs, Songwriter des *Last Songs*, in der zweiten Strophe stimmt er mit Matt Berninger ein), Gisbert zu Knyphausen und Fortuna Ehrenfeld.

Mein größter Dank gilt Ihnen, verehrte Leserin, verehrter Leser!

P.S: Enden und somit womöglich einen neuen Anfang finden möchte ich mit den letzten Zeilen aus dem Gedicht *The Road not Taken* von Robert Frost und diese allen *Pioneers of Change* widmen:

Two roads diverged in a wood, and I –

I took the one less traveled by,

And that has made all the difference.

Zum Weiterlesen

Arnold, Martin und Fitze, Urs: *Entmenschlicht - Sklaverei im 21. Jahrhundert*, 2022

Bauer, Joachim: *Wie wir werden, wer wir sind – Die Entstehung des menschlichen Selbst durch Resonanz*, 2019

Beck, Ulrich: *Die Metamorphose der Welt*, 2017

Bregman, Rutger: *Im Grunde gut – Eine neue Geschichte der Menschheit*, 2020

Carse, James: *Endliche und unendliche Spiele – Die Chancen des Lebens*, 1987

Club of Rome (Hrsg.): *Earth for All - Ein Survivalguide für unseren Planeten – Der neue Bericht an den Club of Rome, 50 Jahre nach »Die Grenzen des Wachstums«*, 2022

Frankl, Viktor: *Über den Sinn des Lebens*, 2019

Göpel, Maja: *Wir können auch anders - Aufbruch in die Welt von morgen*, 2022

Hirsch, Michael: *Richtig falsch – Es gibt ein richtiges Leben im Falschen*, 2019

Hüther, Gerald: *Was wir sind und was wir sein könnten – ein neurobiologischer Mutmacher*, 2011

Ironmonger, John: *Das Jahr des Dugong – Eine Geschichte für unsere Zeit*, 2021

Laloux, Frederic: *Reinventing Organizations – Ein Leitfaden zur Gestaltung sinnstiftender Formen der Zusammenarbeit*, 2015

Ostaseski, Frank: *Die fünf Einladungen – Was wir vom Tod lernen können, um erfüllt zu leben*, 2017

Raworth, Kate: *Die Donut-Ökonomie – Endlich ein Wirtschaftsmodell, das den Planeten nicht zerstört*, 2018

Scharmer, Otto: *Essentials der Theorie U – Grundprinzipien und Anwendungen*, 2019

Tolle, Eckhart: *Eine neue Erde – Bewusstseinssprung anstelle von Selbstzerstörung*, 2005

Ware, Bronnie: *5 Dinge, die Sterbende am meisten bereuen – Einsichten, die Ihr Leben verändern werden*, 2015

Weber, Andreas: *Enlivenment. Eine Kultur des Lebens – Versuch einer Poetik für das Anthropozän*, 2016

Zeiler, Waldemar mit Höftmann Ciobotaru, Katharina: *Unfuck the Economy – Eine neue Wirtschaft und ein besseres Leben für alle*, 2020

Endnoten

Intro

[1] Last Song - Words and Music by Padma Newsome © 2010 Padma Music (ASCAP). All Rights Administered by BMG Rights Management (US) LLC. All Rights Reserved. Used by Permission of Hal Leonard Europe Limited.

[2] Erstmalig hat vermutlich Charles McDermind 1960 Maslows Bedürfnisse in Pyramidenform gezeichnet, bezeichnender Weise in einem Artikel in der Zeitschrift Business Horizons unter dem Titel *How money motivates men*. Daraufhin wurde sie von nachfolgenden Autoren immer häufiger übernommen. Bis sie irgendwann mit Maslow gleichgesetzt wurde. Dass die Pyramide gar nicht von Maslow stammt, ja seinen Hypothesen nahezu zu widersprechen scheint, ging dabei einfach unter, der Fake der Bedürfnispyramide nahm seinen Lauf. Über diesen Irrtum mit der Pyramidendarstellung berichtet auch der Psychologe Scott Barry Kaufman in seinem 2020 veröffentlichten *Transcend – the new science of self-actualization*. Vgl. dazu auch Mark E. Koltko-Rivera: *Rediscovering the Later Version of Maslow's Hierarchy of Needs* von 2006 und Todd Bridgman et al: *Who built Maslow's pyramid?* von 2019.

[3] Unter die Überschrift *Chiffren der Transzendenz* stellte der Philosoph Karl Jaspers 1961 seine Abschiedsvorlesungen.

[4] *Unbedingte Anwesenheitspflicht im eigenen Leben* ist dem Covertext entnommen von Mariana Lekys Roman *Was man von hier aus sehen kann* aus dem Jahr 2017.

[5] Die Metapher *choreografierte Improvisation* habe ich von Sascha Bilert bei meinem früheren Arbeitgeber und Impulsgeber in Sachen New Work, der Transformationsberatung VORSPRUNGatwork aufgegriffen.

[6] *Zukunftsmusik* hatte sich im 19. Jahrhundert als abwertend-ironische Bezeichnung für die musikalische Richtung Richard Wagners und seiner Anhänger etabliert, nachdem Wagner 1850 eine Schrift unter dem Titel *Das Kunstwerk der Zukunft* herausgegeben hatte. Wagner verfasste diese Schrift im Züricher Exil, weil er nach dem niedergeschlagenen Dresdener Maiaufstand von 1849 steckbrieflich gesucht wurde. In jenem Zeitraum verfasste Wagner zunächst in Dresden und dann in Zürich auch seine Schriften *Die Revolution* sowie *Die Kunst und die Revolution*. In den zeit- und sozialkritischen Passagen entwarf Wagner das Bild eines zukünftigen, *starken, schönen Menschen*, möglicherweise ein Vorfahre des *Übermenschen* aus *Also sprach Zarathustra* von Friedrich Nietzsche. Nietzsche ging zeitweise im Hause Richard Wagners ein und aus, bevor er sich von ihm distanzierte. *Zukunftsmusik* ist zudem der Titel eines 2022 erschienen Romans von Katerina Poledjan.

1 Welt - Globale Verwicklungen
Wachstum - Nach uns die Sintflut, aber auch neben uns und in uns

[7] Die Formulierung *Die Grenze des Wachstums* benutzte der französische Philosoph Georges Bataille bereits 1949 in seinem Werk *Der verfemte Teil*. Der neue Bericht an den Club of Rome, 50 Jahre nach »Die Grenzen des Wachstums« von 2022 trägt den Titel *Earth for All - Ein Survivalguide für unseren Planeten*.

Alljährliche Erdüberlastung

[8] Der Begriff der Nachhaltigkeit lässt sich auf die Formulierung der *nachhaltigen Nutzung* zurückführen, die Hans Carl von Carlowitz in seinem Buch *Sylvicultura oeconomica - Anweisung zur wilden Baum-Zucht* 1713 an einer Stelle verwendete. Letztlich steckte in diesem Versuch optimalen Haushaltens bereits der vermeintliche Konflikt zwischen Natur und Mensch, zwischen Ökologie und Ökonomie.

[9] Die Zahlen zur Biokapazität und zum ökologischen Fußabdruck hier und im Folgenden verdanke ich dem *Global Footprint Network (GFN)*, welches sich unter Federführung von Mathis Wackernagel – vgl. dazu auch sein Buch sowie die zugehörige Internetseite https://www.footprintnetwork.org – mit der Quantifizierung des Verbrauchs an natürlichen Ressourcen beschäftigt. Zugrunde liegt dem Ganzen die simple Feststellung, dass der limitierende Faktor auf der Welt die Erneuerbarkeit der natürlichen Erdoberflächen ist. Unterschiedliche Nutzungsmöglichkeiten – vom Urwald über den Kartoffelanbau bis zur Flächenversiegelung der urbanen Bebauung – stehen im Wettbewerb miteinander. Der ökologische Fußabdruck ist damit deutlich umfassender als der im Zuge der Klimaproteste in den Fokus geratene CO_2-Fußabdruck (Carbon Footprint).

Unsere Externalisierungsgesellschaft

[10] Mathematisch unterscheiden sich dabei zwei vom GFN ausgewiesene Werte für den nationalen Verbrauch: Der *Country Overshoot Day* bezieht sich auf die Anzahl Erden, während der *Country Ecological Deficit Day* auf die Anzahl der Länder mit der eigenen Biokapazität referiert. Die Unterschiede können gravierend sein, wie wir am Beispiel von drei der sechs biokapazitätsreichsten Länder der Welt sehen können:

In den USA liegt der *National Overshoot Day* 2021 am 14. März, d.h. würden weltweit alle Menschen wie die US-Amerikaner konsumieren, bräuchten wir fünf Erden. Der *National Ecological Deficit Day* liegt 2021 am 7. Juni und korrespondiert zu der Aussage, dass die Fläche der USA 2,3mal so groß sein müsste, wie sie tatsächlich ist, um die erforderliche Biokapazität für den US-amerikanischen Lebensstil vorzuhalten. Im Nachbarland Kanada liegt der *Overshoot Day* ebenfalls am 14. März entsprechend fünf Erden, aber aufgrund der geringen Bevölkerungsdichte wird nur die Hälfte der vorhandenen nationalen Biokapazität verbraucht. In Indien ist das Verhältnis umgekehrt: der einzelne Inder lebt nachhaltig, in dem Sinne, dass nur 0,7 Erden verbraucht würden, würden alle Menschen so beschränkt leben, was eng mit der weit verbreiteten Armut verknüpft ist. Andererseits sorgt die Bevölkerungsdichte dafür, dass die nationale Biokapazität nicht ausreicht, sondern 2,8mal mehr Landesfläche nötig wäre.

Den Berechnungen der Nationalen Tage im Jahr 2021 liegt dabei de facto die Zahlenbasis aus dem Jahr 2017 zugrunde. Es sind also keine Corona-beeinflussten Zahlenbereinigungen erfolgt.

[11] Vgl. zum Wirtschaftsimperialismus und zur Externalisierungsgesellschaft die Beiträge von Ulrich Brand und Markus Wissen sowie von Evi Hartmann.

[12] Den Gedanken, dass die betrieblichen Externalitäten zugleich unser aller Realitäten sind, habe ich von Frances Moore Lappé aus *EcoMind - Changing the way we think, to create the world we want* von 2011 übernommen.

[13] Vgl. zur organisierten Unverantwortlichkeit bzw. der Kultur der Verantwortungsverweigerung Ulrich Beck bzw. Maja Göpel oder auch Christian Bergs Bericht an den Club of Rome von 2020: *Ist Nachhaltigkeit utopisch?*, dort S. 269. *Neben uns die Sintflut* hat Stephan Lessenich sein Werk von 2016 betitelt.

Alltägliche Menschüberlastung: der wahre Preis, den wir (nicht) zahlen

[14] Vgl. dazu auch die Ergebnisse einer globalen Studie über die Todesursachen im Jahr 2018, die ein britisch-amerikanisches Wissenschaftlerkollektiv um Karn Vohra und Alina Vodonos 2021 in der Zeitschrift *Environmental Research* veröffentlicht hat. Eine Studie aus demselben Jahr aus dem Fachmagazin *Nature Climate Change* führt etwa ein Drittel der Hitzetode in den letzten drei Jahrzehnten auf den Klimawandel zurück.

[15] Die Bezeichnung *Wirtschaftswachstumswahnsinn* habe ich von Frithjof Bergmann übernommen, einem Philosophen, der als Urvater des New Works gilt und auf den ich später noch zurückkommen werde. Eine Gruppe von Aktivisten und Juristen hat inspiriert von Polly Higgins unter dem Namen *Stop Ecocide* eine Kampagne gestartet mit dem Ziel, die ökologische Zerstörung als neuen weltweit anerkannten Straftatbestand zu definieren. Dieser soll vom Internationalen Strafgerichtshof (IStGH) in Den Haag als *Ökozid* anerkannt und verfolgt werden kann. Ökozid wäre dann das fünfte Verbrechen gegen den Frieden neben Völkermord, Kriegsverbrechen, Verbrechen gegen die Menschlichkeit und Verbrechen der Aggression. Im April 2021 ist zumindest in Frankreich bereits der parlamentarische Beschluss gefallen, Ökozid als Straftatbestand anzuerkennen. In Deutschland wurde zur gleichen Zeit das Klimaschutzgesetz für verfassungswidrig gegen Grundgesetzartikel 20a (*Der Staat schützt auch in Verantwortung für die künftigen Generationen die natürlichen Lebensgrundlagen und die Tiere ...*) erklärt. Die Politik wird dadurch verpflichtet, drastische Schritte, um die Treibhausgasemissionen zu senken, nicht zu Lasten der jungen Generation auf die lange Bank zu schieben, sondern gesetzlich bis Ende 2022 nachzubessern.

[16] Tief in den Ökopreis, die erforderlichen Rahmenbedingungen, Berechnungen und Auswirkungen ist mein Cousin Eric Broekhuizen 2014 eingetaucht in seinem Buch *De vergeten oplossing - hoe de ecoprijs onze toekomst gaat veranderen* (*Die vergessene Lösung - wie der Öko-Preis unsere Zukunft verändern wird*).

[17] *Mensch, am Ende nur Endlager* lautet ein Abschnitt in Susanne Donners *Endlager Mensch - Wie Schadstoffe unsere Gesundheit belasten* aus dem Jahr 2021. Die Vermüllung und Vergiftung der Natur behandelten Rachel Carson und Murray Bookchin mit ihren Büchern bereits 1962 und legten damit Grundsteine für die Ökobewegungen in den USA.

[18] *Achtsam morden* ist ein Bestseller von Karsten Dusse.

Grenzen - **Ökologisch und gesellschaftlich**

[19] *Ökologische Serienmörder* entstammt Yuval Noah Hararis *Eine kurze Geschichte der Menschheit*.

[20] Während der Klimawandel in vieler Munde ist, fristet das Artensterben, auch unter dem abstrakten Euphemismus *Verlust der Biodiversität*, zumeist ein Schattendasein, obwohl es eine ungeheure Bedrohung darstellt, wie Matthias Glaubrecht 2019 in *Das Ende*

der Evolution - Der Mensch und die Vernichtung der Arten oder auch Dirk Steffens und Fritz Habekuss 2020 *Über Leben - Zukunftsfrage Artensterben: Wie wir die Ökokrise überwinden*, ausführten. Vgl. zur Bedeutung der Mücke für den Kakao *Was hat die Mücke je für uns getan?- Endlich verstehen, was biologische Vielfalt für unser Leben bedeutet* von Frauke Fischer und Hilke Oberhansberg von 2020.

Der für Erde und Mensch sichere und gerechte Donut

[21] Kate Raworth beschreibt ihren Werdegang in ihrem 2018 auf Deutsch und ein Jahr zuvor auf Englisch veröffentlichten Werk zur *Donut-Ökonomie*, dort auf S. 9. Ein erstes Paper zum Donut-Modell hatte sie 2012 veröffentlicht. Die Geschichte der Namensgebung durch Tim Lenton teilte sie bei einem Interview mit der österreichischen Wandelbewegung *Pioneers of Change* Anfang 2021.

[22] Das Donut-Modell stammt aus Kate Raworths *Doughnut Economics: seven ways to think like a 21st century economist,* London: Penguin Random House, 2017, im Deutschen 2018 veröffentlicht als Raworth, Kate: *Die Donut-Ökonomie - Endlich ein Wirtschaftsmodell, das den Planeten nicht zerstört,* Carl Hanser Verlag GmbH & Co. KG, München. Die Richtung der Pfeile wurde gegenüber der ursprünglichen Abbildung umgekehrt, um die Aussage umzukehren: aus *Mangel* und *Überfluss* wurde *Mangel beseitigen* und *Überfluss stoppen*. (https://drive.google.com/drive/u/0/folders/1OKZbsthuSlo3G2vtAL0bxh29cUxKb14l, https://creativecommons.org/licenses/by-sa/4.0/)

[23] Zum Zusammenhang zwischen Human Development Index und Erdverbrauch siehe https://www.footprintnetwork.org/our-work/sustainable-development/ .

Unsere Privilegien sind nicht zukunftsfähig

[24] Der Begriff *Existenzmaximum* wird seit einigen Jahren verschiedentlich im Zusammenhang mit unserer Überflussgesellschaft herangezogen, so 2020 von Stephan Kaußen und 2021 von Dieter Drabiniok. Oft zielt er auf die Superreichen ab. Im globalen Maßstab sind aber die allermeisten Europäer superreich. Zu reich, um sich mit einem Ressourcenverbrauch unterhalb der planetaren Grenzen, einem persönlichen ökologischen Fußabdruck < 1 Erde zu begnügen. Aber genau auf dieser Grenze, bei einem persönlichen Erdverbrauch von einer Erde, liegt für mich das Existenzmaximum.

[25] Maja Göpel konkludierte dies 2020 in *Unsere Welt neu denken*, dort auf S. 175.

[26] Ausführlich erörtern dies – auch im Lichte historischer Transformationen – Bernd Sommer und Harald Welzer in den Kapiteln 2 und 3 in *Transformationsdesign - Wege in eine zukunftsfähige Moderne* von 2014. In den nachhaltigen und gerechten Donut zu gelangen, heißt, nicht nur dem 1990 entwickelten Index der menschlichen Entwicklung *HDI*, sondern auch der nachhaltigen Entwicklung gerecht zu werden. Einen entsprechenden *Sustainable Development Index SDI* hat der Ökologieökonom Jason Hickel 2020 in Form des materiellen ökologischen Fußabdrucks und des CO2-Abdrucks vorgeschlagen, also der Bemessung unseres Bio- und Atmosphärenverbrauchs.

Mein selbstverantworteter Erd- und Menschverbrauch

[27] Inspiriert von und abgewandelt aus *Das Ökohumanistische Manifest* von Pierre Ibisch und Jörg Sommer, 2021, S. 113: *Und es gibt uns nicht das Recht, anderen für unsere Gegenwart die Zukunft zu nehmen.*

²⁸ Evi Hartmann, Professorin für Supply Chain Management, analysiert und quantifiziert, wie sehr unsere globalen Wertschöpfungsketten sich als strukturelle *Wertzerstörungsketten* entpuppen. Die Sklavenhaltung aus der Zeit des Kolonialismus ist nahtlos in eine Lohnsklavenhaltung im modernen Wirtschaftsimperialismus übergegangen. Vgl. dazu auch *Entmenschlicht - Sklaverei im 21. Jahrhundert* von Martin Arnold und Urs Fitze aus dem Jahr 2022.

Transformation - **Nachhaltig und gerecht**

²⁹ Die Agenda 2030 zielt im Kern auf die fünf P ab: *People, Planet, Prosperity, Peace, Partnership*, also auf: Mensch, Erde, Wohlstand, Frieden und Partnerschaft.

³⁰ Die 17 SDGs sind:
1. Armut beenden
2. Ernährung sichern
3. Gesundes Leben für alle
4. Bildung für alle
5. Gleichstellung der Geschlechter
6. Wasser und Sanitärversorgung für alle
7. Nachhaltige und moderne Energie für alle
8. Nachhaltiges Wirtschaftswachstum und menschenwürdige Arbeit für alle
9. Widerstandsfähige Infrastruktur und nachhaltige Industrialisierung
10. Ungleichheit verringern
11. Nachhaltige Städte und Siedlungen
12. Nachhaltige Konsum- und Produktionsweisen
13. Sofortmaßnahmen gegen den Klimawandel
14. Bewahrung und nachhaltige Nutzung der Ozeane, Meere, Meeresressourcen
15. Landökosysteme schützen
16. Frieden, Gerechtigkeit und starke Institutionen
17. Umsetzungsmittel und globale Partnerschaft stärken

³¹ Die SDGs sind sowohl in der Entstehung als auch in der geplanten Umsetzung differenzierter, ökologischer und partizipativer angelegt als die ihnen von 2001 bis 2015 vorangegangenen *Millenium Development Goals (MDGs)*.

Die ökologische Krise wächst parallel zur Wirtschaft ...

³² Quelle: Global Sustainable Development Report (GSD Report) der UN, 2019.

³³ Das Bruttosozialprodukt pro Kopf stieg in den letzten 60 Jahren von 3746 Dollar im Jahr 1961 auf 7162 Dollar in 1991 und 10713 Dollar in 2017, der Erdverbrauch parallel dazu von 0,72 über 1,28 auf 1,72 laut *Global Footprint Network*.

³⁴ Als *Anthropozän* bezeichnete der niederländische Atmosphärenchemiker Paul Crutzen das Zeitalter, in dem der Mensch zu einem der wichtigsten Einflussfaktoren auf die biologischen, geologischen und atmosphärischen Prozesse auf der Erde geworden ist, vgl. dazu auch den wissenschaftlichen Artikel *The trajectory of the Anthropocene: The Great Acceleration* von Steffen Will et al. von 2015.

³⁵ Entsprechend muss die Zielrichtung des SDG 8 modifiziert, quasi umgekehrt werden, um Nachhaltigkeit und Zukunftsfähigkeit zu ermöglichen, wie die Wiener Ökonomen

Halliki Kreinin und Ernest Aigner 2022 in ihrem selbstsprechenden Beitrag *From "Decent work and economic growth" to "Sustainable work and economic degrowth": a new framework for SDG 8* erläutern.

[36] Vgl. dazu von Naomi Klein *Die Entscheidung: Kapitalismus vs. Klima* aus dem Jahr 2015.

... und die soziale Ungleichheit wächst gleich mit

[37] Quelle: Global Sustainable Development Report (GSD Report) der UN, 2019.

[38] Vgl. dazu die Ausführungen von Steven Bosworth und Dennis Snower in ihrem Working Paper *Technological Advance, Social Fragmentation and Welfare* von 2021.

[39] Die konzeptionellen Wurzeln einer Externalisierungssteuer, wie wir sie heute beim CO_2 praktizieren, finden sich bereits 1920 in Arthur Pigouts *The Economics of Welfare*.

[40] Vgl. dazu z.B. Kate Pickets und Richard Wilkinsons *The Spirit Level* von 2009. Die einzelnen Entwicklungsfaktoren sind interdependent. Wie wichtig vor allem Bildung und Emanzipation beziehungsweise Gleichberechtigung der Frauen für die Reduzierung von Armut und Hunger sind, haben Martha Nussbaum und Amartya Sen in ihrem *Capability Approach* (dt. *Befähigungsansatz, Fähigkeitenansatz* oder *Verwirklichungschancenansatz)* gezeigt und dies später ausgeweitet durch eine Aufnahme eines Ungleichheitsfaktors in den *Human Development Index (HDI)*.

Dauerkatastrophen im Zeitlupentempo

[41] *Dauerkatastrophe im Zeitlupentempo* stammt von Ulrich Beck aus *Die Metamorphose der Welt*, 2017, dort S. 113.

[42] Der Psychologe Martin Seligman formte den Begriff der *erlernten Hilflosigkeit*: übermächtige Probleme sind Teil unserer Identität, allgegenwärtig und erscheinen unveränderlich. Das kann depressiv machen.

[43] Vgl. dazu *Weltrisikogesellschaft - Auf der Suche nach der verlorenen Sicherheit* von Ulrich Beck von 2007. *Labilisieren* habe ich von Kurt H. Wolff aus *Soziologie in der gefährdeten Welt* entlehnt, der dort auf S. 77 angibt, die Ausdrucksweise *Labilisierung* vermutlich bei Karl Mannheim aufgeschnappt zu haben.

[44] *Crisis* ist die Kritik am Bestehenden. Die Krise verweist uns auf die Dysfunktionalität unseres Lebensstils, auf die unbequeme Notwendigkeit einer Transformation und die sich dahinter verbergende Chance:
Krise = Problemverdichtung = Risiko = notwendiger Wendepunkt = Chance
Ganz gemäß des 2020 erschienenen Mottos *Vergeude keine Krise!* von Anja Förster und Peter Kreuz. Interessanterweise fand ausgerechnet im Jahr der ersten Erdüberlastung 1970 in den USA auch der erste *Earth Day* statt, ein Tag der Demonstrationen gegen die Vermüllung und Vergiftung der Erde. Ob wir nach so langer Zeit noch von einer Krise sprechen können, ist höchst fragwürdig, da Krise per definitionem nur für eine beschränkte Übergangszeit steht.

[45] Vgl. dazu auch Daniel Christian Wahls *Designing Regenerative Cultures* von 2016 sowie Paul Hawkens *Regeneration - Ending the Climate Crisis in One Generation* von 2021.

[46] Eine chinesische Weisheit lautet: *Nimmt man die Chance aus der Krise, wird sie zur Gefahr. Nimmt man die Angst aus der Krise, wird sie zur Chance.* Ich verdanke sie dem Buch von Anja Förster und Peter Kreuz. Ich habe das Zitat hier gesplittet.

[47] Als deutschsprachige Experten für Postwachstums- bzw. Gemeinwohlökonomie sind Niko Paech bzw. Christian Felber zu nennen. Zur Umsetzung der Gemeinwohlökonomie siehe auch das 2021 von Karsten Hoffmann et al. herausgegebene *24 wahre Geschichten vom Tun und vom Lassen - Gemeinwohl-Ökonomie in der Praxis*. Ein eingängiger englischsprachiger, im Web verfügbarer Einstiegsartikel, der von Kate Raworths Donutmodell ausgehend den Zusammenhang zwischen Erderwärmung und Energiegewinnung beleuchtet, um dann den Bogen zur Kreislaufwirtschaft (*circular economy*) zu schlagen, ist Lindsay Woods zweiteilige *Rethinking growth* von 2020 (https://pureadvantage.org/rethinking-growth-part-one/). Den erforderlichen Bewusstseinswandel in der Ökonomie in Richtung Nachhaltigkeit skizzierte Maja Göpel 2016 in *The Great Mindshift - How a New Economic Paradigm and Sustainability Transformations go Hand in Hand.*

[48] Nach Ulrich Beck dreht sich die Erde nicht mehr um die Nationen, sondern um die Zukunft der Menschheit und der Welt: „*Das Klimarisiko sagt uns, dass der Nationalstaat nicht der Mittelpunkt der Welt sein kann. Die Erde dreht sich nicht um Nationen (...), sondern (...) um die neuen Fixsterne ‚Welt' und ‚Menschheit'. (...) Die Vereinten Weltstädte, nicht die Vereinten Nationen, könnten die kosmopolitische Behörde der Zukunft sein.*" (Die Metamorphose der Welt, 2017, S. 18 f. und 218)

[49] Wobei auch bei uns Ungleichheit herrscht. Wie es sich in der urbanen Welt ohne ein festes Dach über dem Kopf anfühlt, schildert *Die Geschichte eines Straßenjungen* von Dominik Bloh mit dem Titel *Unter Palmen aus Stahl*.

[50] In Anlehnung an Tomas Björkmans Beitrag *Durchbruch oder Zusammenbruch* von 2021. Der Dichter Robert Frost hatte dazu eine klare Meinung: *Der beste Ausweg ist meistens der Durchbruch.*

[51] *System Change, not Climate Change* forderten Demonstranten 2015 anlässlich der Klimaschutzkonferenz (COP21) in Paris, auf der sich die UN-Mitgliedstaaten auf eine Begrenzung der Erderwärmung von deutlich unter 2 Grad – möglichst 1,5 Grad – einigten. Das erscheint inzwischen kaum mehr realisierbar.
(https://www.flickr.com/photos/global2000/23314995011/in/gallery-77583604@N03-72157666140580290/, https://creativecommons.org/licenses/by-nd/2.0/)

[52] *Wir sind das Klima!* heißt das gleichnamige Buch von Jonathan Safran Foer aus dem Jahr 2019 mit dem lakonischen Untertitel: *Wie wir unseren Planeten schon beim Frühstück retten können.*

[53] *Inner Change* propagiert Petra Bock in ihrem 2020 erschienen Buch *Der entstörte Mensch - Wie wir uns und die Welt verändern.*

[54] Ende April 2022 wurden die *Inner Development Goals (IDGs)* gelaunched, 23 transformative Skills für eine nachhaltige Entwicklung in den fünf Kategorien *Being, Thinking, Relating, Collaborating* und *Acting.*

Zwischenfazit - **Stoppen oder gestoppt werden**

[55] Diese Analyse und der Ausdruck *Wertzerstörungskette* stammen von Evi Hartmann. In den Worten von Pierre Ibisch und Jörg Sommer aus handelt es sich um *„die Entkopplung des Wunsches vom Bedarf und die Entkopplung des Machbaren vom Sinnvollen. (...) Die Betriebswirtschaft dominiert die Volkswirtschaft"* (Das Ökohumanistische Manifest, 2021, S. 68 ff.). Die Erschöpfung des Menschen durch den Imperativ zur Selbstoptimierung und Selbstverwirklichung beleuchtete Andreas Reckwitz 2019 in *Das Ende der Illusionen - Politik, Ökonomie und Kultur in der Spätmoderne*. Letztlich geht es um *Schöpfen und Erschöpfen*, wie Maja Göpel und Eva Redecker in ihrem 2022 veröffentlichten Dialog erörtern.

[56] *"Wir sind Wachstumstreiber und Wachstumsgetriebene zugleich"*, resümieren Pierre Ibisch und Jörg Sommer auf S. 71 in *Das Ökohumanistische Manifest* von 2021.

[57] Das Zitat stammt von Hans Joachim Schellnhuber aus seinem Spiegel-Interview mit dem Titel *Diktatur des Jetzt* von 2011, dort S. 28.

[58] *Gaia - die Erde ist ein Lebewesen*, ist ein sich selbstregulierender Organismus, wie der Geochemiker James Lovelock und die Mikrobiologin Lynn Margulis schon 1979 erläuterten. James Lovelock spekulierte 2019 in seinem hundertsten Lebensjahr über das *Novozän, das Zeitalter der Hyperintelligenz,* der künstlichen Cyborgs, autonom und selbstreplizierend, welches seiner Meinung nach das Anthropozän ablösen wird. Einen Vorgeschmack darauf entwarf 2021 der Spielfilm *Ich bin Dein Mensch* mit Maren Eggert in der Hauptrolle.

[59] Die menschgemachte Masse und die Antrophosphäre, die menschgemachte Lebenswelt wie z.b. Städte nimmt inzwischen mehr Raum auf der Welt ein als die Biomasse, die Biosphäre. Vgl. dazu und zu einer den Konflikt auflösenden Betrachtung und Messung der Nachhaltigkeit von Daniel Dahm *Benchmark Nachhaltigkeit: Sustainability Zeroline - Das Maß für eine zukunftsfähige Ökonomie* von 2019. Die Begrifflichkeiten der *Biosphäre* (1926) und *Noosphäre* (1931 bzw. 1937) finden sich in den Werken des russischen Geologen und Geochemikers Wladimir Wernadski.

[60] *Megamaschine* ist eine Metapher von Lewis Mumford aus *Mythos der Maschine* aus dem Jahr 1967. Vgl. dazu *Das Ende der Megamaschine - Geschichte einer scheiternden Zivilisation* von Fabian Scheidler aus dem Jahr 2015.

[61] Diese Fragestellung lehnt sich an das gedankliche Experiment des *Schleiers des Nichtwissens* an, welches John Rawls seinen Lesern 1971 in seinem Hauptwerk *A Theory of Justice (Eine Theorie der Gerechtigkeit)* andiente; Dennis Hindenburg griff es 2022 wieder auf. Es ist noch erweiterbar um die Dimension, vorher nicht zu wissen, in welcher Spezies man geboren wird. Unvorstellbar? Nicht für David Safier in seinem Roman *Mieses Karma ...*

[62] Heinrich Bölls *Anekdote zur Senkung der Arbeitsmoral* von 1963 ist hier abgedruckt dank Genehmigung des Verlags Kiepenheuer & Wietsch. Quelle: Heinrich Böll. Werke. Kölner Ausgabe. Bd. 12. 1959-1963. Herausgegeben von Robert C. Conrad © 2008, Verlag Kiepenheuer & Witsch GmbH & Co. KG, Köln.

2 Wir - Soziale Verstrickungen

[63] Menschen sind der Philosophie Wilhelm Schapps zufolge *In Geschichten verstrickt*. Diesen Hinweis verdanke ich der Philosophin Theda Rehbock, die wie Schapp aus Aurich stammte.

[64] Der damalige Clubbetreiber der *Weltbühne*, Tino Hanekamp, hat dieser Perle der Hamburger Kulturszene 2011 in seinem Debütroman ein Denkmal gesetzt mit dem passenden Titel: *Sowas von da*.

Wachstum - Am Du zum Ich und zum Wir werden

Spiegelneuronen des Zwischenmenschlichen

[65] „*Unser Selbst ist unauflöslich verbunden mit dem Du und, mehr als uns bewusst ist, immer auch ein Wir*", erläuterte der Neurowissenschaftler Joachim Bauer 2019 in *Wie wir werden, wer wir sind* auf S. 8 und ergänzte auf S. 63: „*Das Gehirn des Menschen wird in weiten Teilen sozial konstruiert.*" Unser Selbst ist also ein *dialogisches*, mehr noch: ein *plurales*, wie der niederländische Psychologe Hubert Hermans betont. *Der Mensch ist singulär-plural*, so Jean-Luc Nancy und Rebekka Reinhard.

[66] Die soziale Resonanz wird von dem Soziologen Hartmut Rosa als ein wechselseitiger Beziehungsmodus zwischen zwei Menschen definiert. Wörtlich und sinngemäß setzt der eine Mensch den anderen in Mitschwingung. Zwischen dem Du und dem Ich entsteht ein vibrierender Draht. In solch dynamischer Antwortbeziehung werden das Du und das Ich voneinander berührt und transformieren sich dadurch selbst und wechselseitig, sie *anverwandeln* sich, so Rosa. Jegliche Resonanz hat drei Ausgangspunkte, zuerst das Du und das Ich als Subjekte einer möglichen Resonanz, zum zweiten das Wir als Beziehungsebene, als mögliches Resonanzgeschehen und zum dritten das Umfeld als Möglichkeitsraum, als Resonanzraum. Teile der in diesem Kapitel formulierten Ausführungen sind an Hartmut Rosa Werk *Resonanz* sowie Joachim Bauer angelehnt.

[67] *Bedingungsloses Grundwillkommen* habe ich aus Andreas Webers *Indigenialität*, *Weltaneignungsverhältnis* habe aus Hartmut Rosas *Resonanz* entlehnt.

[68] Stammt das Zitat aus dem Talmud? Die Schriftstellerin Anaïs Nin scheint es populär gemacht zu haben. Auch Schellings *System des transzendentalen Idealismus* weist inhaltlich bereits 1800 in Richtung der Zitataussage.

[69] Diese *Grundbedingung alles Lebens* laut Nietzsche ist der Perspektivismus, laut Ernst von Glaserfelds radikalem Konstruktivismus die *Viabilität*, also vereinfacht gesagt, die Dinge so zu sehen, wie sie uns gefallen, für uns passen. Flannery O'Connor schrieb 1952 in *Wise Blood*: „*Es gibt alle Arten von Wahrheiten, Deine Wahrheit und die von anderen, aber hinter all diesen gibt es nur eine Wahrheit und die ist, dass es keine Wahrheit gibt.* Oder mit Heinz von Foerster: *Wahrheit ist die Erfindung eines Lügners.*"

Schauspiel oder Berührung

[70] Vgl. dazu Erving Goffman: *Wir spielen alle Theater - Die Selbstdarstellung im Alltag* von 1969 (im Original von 1959).

[71] Als *Lebensabschnitt der Zukunftsverminderung* hat der Philosoph Odo Marquard den Schlussakt betitelt.

Bühne der Entfremdung oder Oase der Resonanz
Grenzen - **Einander fremd werden**

⁷² Die biografischen Hintergründe finden sich teils direkt auf Wikipedia, teils aber auch in einer dort verlinkten Dissertationsschrift von Dr. Volker Kessler, die sich u.a. auch mit Douglas Murray Mcgregor beschäftigt.

Theorie X

⁷³ Der Begriff *Scientific Management* wurde ursprünglich nicht von Frederick Taylor, sondern 1910 von dem Rechtsanwalt Louis D. Brandeis geprägt. In einem Vortrag erörterte er das Einsparpotenzial für die amerikanischen Eisenbahnen durch die Einführung der *Wissenschaftlichen Betriebsführung (Scientific Management)* und machte so Taylors 1903 bereits in *Shop Management* begonnene Lehre bekannt.

⁷⁴ Betrachtet man (Scientific) Management als so etwas wie Planwirtschaft in Unternehmen, so funktioniert dies betriebswirtschaftlich ähnlich schlecht wie volkswirtschaftlich. Ein in dieser Art verstandenes Management erweist sich als überflüssig und gehört abgeschafft – vgl. dazu auch Ricardo Semlers *Das SEMCO System - Management ohne Manager* von 1993 sowie Niels Pflägings *Organisation für Komplexität* von 2014, dort S. 118 und 121. Ein entscheidender Satz aus Taylors Hauptwerk von 1911, den *Principles of Scientific Management* lautet: *Bisher stand die Persönlichkeit an erster Stelle, in Zukunft wird die Organisation und das System an erster Stelle treten.* Interessanterweise bezog sich Taylor mit diesem Satz keineswegs auf den einfachen Arbeiter, sondern auf das Spitzenmanagement, das bereits zu seiner Zeit teuer von außen eingekauft wurde. Der von Taylor propagierte Einsatz von Stoppuhr und Prämienlohn wurde in staatlichen Betrieben in den USA von 1916 bis 1949 verboten. 1920 beschrieb der Russe Jewgeni Samjatin in seinem dystopischen Roman *Wir* eine fiktive Gesellschaft, in der jegliche Individualität unterdrückt wird und nahm dabei immer wieder Bezug auf Taylor, der vom fiktiven Regime im Roman für seine *wissenschaftliche Betriebsführung* verehrt wird. *Wir* war das erste Buch, welches offiziell in der Sowjetunion verboten wurde (Wikipedia).

⁷⁵ Systemtheoretisch muss es korrekterweise sogar heißen: Organisationen, ja selbst Gesellschaften, bestehen nicht aus Menschen, sondern aus nichts anderem als Kommunikationsmustern, die nach Selbsterhalt streben (*Autopoiese* wurde dieser selbstreferentielle Prozess vom Neurobiologen Humberto Maturana getauft). Diese Erkenntnis weiß Christian Kugelmeier von *VORSPRUNGatwork* auf unnachahmliche Weise zu vermitteln. Die Grundlagen dafür liegen in der Systemtheorie von Talcott Parsons und Niklas Luhmann begründet. Von dort ist es nicht mehr weit zur Feststellung Friedrich Cramers, dass *Resonanz die Welt im Inneren zusammenhält*:
„*Alle normalen, stabilen Systeme sind Überlagerungen von Schwingungen, die in Resonanz stehen*", schreibt Cramer 1996 in seiner *Symphonie des Lebendigen* auf S. 56 und fährt auf S. 168 fort: „*ja man kann die menschliche Gesellschaft überhaupt nur als ein Resonanzsystem verstehen.*"

Die Philosophin Marie-Luise Heuser-Keßler zeigte in ihrer Doktorarbeit, dass sich das Grundprinzip der *Autopoiese* bis auf Immanuel Kants *Kritik der Urteilskraft* von 1790 zurückführen lässt und die Selbstorganisation im Verständnis der Naturwissenschaften, sprich die *Synergetik*, bis auf Friedrich Wilhelm Joseph Schellings Entwurf einer Naturphilosophie nur neun Jahre später.

[76] Grafikquelle: http://wandelweb.de/galerie/00_Management/index.php, https://creativecommons.org/licenses/by/2.0/de/

[77] Gerald Hüther erläutert die Entwürdigung durch Instrumentalisierung in seinem 2019 erschienen Buch *Würde* auf S. 123: *„Wer von anderen Personen benutzt und zum Objekt von deren Absichten und Zielen, Erwartungen und Bewertungen, Belehrungen und Unterweisungen oder gar Maßnahmen und Anordnungen gemacht wird, fühlt sich zutiefst in seiner Subjekthaftigkeit und damit in seiner Würde bedroht."*

[78] Vgl. dazu auch die Ausführungen des Physikers David Bohm in seinen Erläuterungen zu *Fragmentierung und Ganzheit* aus seinem Buch *Die Implizite Ordnung*, auch erschienen im Sammelband *Physik und Transzendenz* von Hans-Peter Dürr von 1986, dort insbesondere Bohms Ausführungen auf S. 266 und S. 269. Vgl. dazu Otto Scharmers *Essentials der Theorie U* von 2019, S. 79 sowie Robert Shillers *Narrative Wirtschaft: Wie Geschichten die Wirtschaft beeinflussen - ein revolutionärer Erklärungsansatz* von 2020.

[79] Im Originalzitat stellt Marx Hegel auf den Kopf: *„Es ist nicht das Bewusstsein der Menschen, das ihr Sein, sondern umgekehrt ihr gesellschaftliches Sein, das ihr Bewusstsein bestimmt."* (Zur Kritik der Politischen Ökonomie, 1859)

[80] Georg Simmel formuliert dies 1918 in seinen *Lebensanschauungen*, im Kapitel *IV Das Individuelle Gesetz* folgendermaßen: *„Im letzten - oder ersten - Grunde macht der Mensch die »Verhältnisse«, wenn auch nachher die Verhältnisse den Menschen machen."*

Entfremdung in der Instrumentalisierungskultur

[81] Alain Ehrenbergs *Das erschöpfte Selbst* von 1998 beschäftigt sich mit dem Themenkreis des Fake Works, der Beschleunigung, Sinnentleerung und Erschöpfung ebenso wie David Graebers *Bullshit Jobs - Vom wahren Sinn der Arbeit* von 2018. Graeber war der führende Kopf der *Occupy*-Bewegung.

Ein Teufelskreis aus Beschleunigung und Entfremdung

[82] Die Philosophin Rahel Jaeggi charakterisierte dies 2005, als sie die Entfremdung rekapitulierte, als *Beziehung der Beziehungslosigkeit*.

[83] Das Zitat von Karl Marx stammt aus *Zur Kritik der Hegelschen Rechtsphilosophie*, 1843.

[84] Die Instrumentalisierung der Arbeiter ist immer wieder Gegenstand der Soziologie. So sprach Karl Polanyi in *The Great Transformation* von *Kommodifizierung* (von *commodity* für *Ware*). Georg Lukács sowie Axel Honneth haben als Umschreibung die *Verdinglichung* von Karl Marx übernommen. Hartmut Rosa und Byung-Chul Han attestieren uns in ihren Schriften einen bedauernswerten Übergang zur *Beschleunigungs-, Burnout- und Müdigkeitsgesellschaft*.

[85] Gerald Hüthers Einordnung als *Ressourcenausnutzungskultur* habe ich hier abgewandelt zur Diktatur. – Die Reichweitenvergrößerung ist gelegentlich gar geografisch messbar: in meiner Kindheit durften meine Geschwister und ich uns von zu Hause aus

jahrelang nur in dem Bereich *bis zu den Bahnschienen* aufhalten, die mitten durchs Dorf verliefen. Unsere Reichweite vergrößerte sich nicht unähnlich wie in der Romanserie *Ortsumgehung* von Andreas Maier: *Das Zimmer – Das Haus – Die Straße – Der Ort – Der Kreis – Die Universität*.

[86] Die englische Bezeichnung *vicious circle* meint wörtlich einen *schädlichen Kreis*.

[87] *Im Schatten von morgen* lautet *Eine Diagnose des kulturellen Leidens unserer Zeit*, die Johan Huizinga 1935 erstellte. Die *runaway world* stammt von Anthony Giddens.

[88] Dem Freudschen *Unbehagen in der Kultur* von 1930 hat Armin Nassehi 2021 mit *Unbehagen* eine aktuelle *Theorie der überforderten Gesellschaft* zur Seite gestellt.

[89] Laut UN gehören *zu den 30 einnahmereichsten Institutionen der Welt neben 19 Ländern bereits elf Konzerne, von denen mehr als die Hälfte dem fossilen Sektor der Ölwirtschaft und Automobilindustrie angehören*. Vgl. zu dieser Thematik auch das 2021 erschiene Buch von Norbert Häring: *Endspiel des Kapitalismus - Wie die Konzerne die Macht übernehmen und wie wir sie zurückholen*.

[90] Vgl. dazu das von Achim Neumann 2012 herausgegebene *Der Fall SCHLECKER - Über Knausern, Knüppeln und Kontrollen sowie den Kampf um Respekt & Würde - die Insider-Story*.

Transformation - **In Resonanz sein**

Theorie Y

[91] Das Zitat von Karl Marx stammt aus *Ökonomisch-philosophische Manuskripte* von 1844.

[92] Douglas McGregor benutzte seinerzeit noch nicht die Bezeichnung *Management Y*, sondern dies ist der an McGregor angelehnte Titel eines Werkes zur zukunftsfähigen Organisation von Ulf Brandes et al. aus dem Jahr 2014.

[93] Das Zitat von Natalie Knapp stammt von S. 164 aus *Kompass neues Denken* von 2013.

[94] Grafikquelle: http://wandelweb.de/galerie/00_Management/index.php, https://creativecommons.org/licenses/by/2.0/de/

[95] Die beiden Zitate von Joachim Bauer stammen von S. 206 und S. 135 *Wie wir werden, wer wir sind* aus dem Jahr 2019.

[96] *Wertschöpfung durch Wertschätzung* lautet auch der Untertitel des von Dörte Nuhn und mir 2015 veröffentlichten Buches zur *Unternehmung 21*. Wir haben diese Redewendung auch nur aufgegriffen. Pater Anselm Grün verwendet sie ebenfalls.

[97] Vgl. dazu die Ausführungen von Joachim Bauer, insbesondere in *Prinzip Menschlichkeit – Warum wir von Natur aus kooperieren* von 2006 und *Wie wir werden, wer wir sind* von 2019, das abschließende Zitat stammt dort von S. 206. Mehr als ein Jahrhundert zuvor beleuchtete Pjotr Kropotkin die *Gegenseitige Hilfe in der Tier- und Menschenwelt*.

Resonanz in der Selbstorganisationskultur

[98] Der Frage nach der *Großen Transformation* widmeten sich 2018 und 2019 Uwe Schneidewind auf der einen sowie Harmut Rosa und Co-Herausgeber auf der anderen Seite.

⁹⁹ Slogan von Herb Kelleher von South West Airlines und auch von *VORSPRUNG*atwork.

¹⁰⁰ So setzt beispielsweise auch „der" Daimler, nun Mercedes Benz, vermehrt auf *Swarm Organisation*, u.a. begleitet durch die Transformationsberatung *VORSPRUNG*atwork.

¹⁰¹ Während der Begriff des *Entrepreneurs* für den Unternehmer weit zurückreicht und bereits bei Adam Smith Verwendung fand, geht die Bezeichnung *Intrapreneur* für den Angestellten, der sich wie ein Unternehmer mit den Unternehmenszielen identifiziert und für sie einsetzt, auf den Artikel *Intra-Corporate Entrepreneurship* von Gifford und Elizabeth Pinchots aus dem Jahr 1978 zurück. Gifford Pinchot formulierte auch *Die Zehn Gebote des Intrapreneurs*, die recht revolutionär beginnen:
„*1.Komme jeden Tag mit der Bereitschaft zur Arbeit, gefeuert zu werden.
2.Umgehe alle Anordnungen, die deinen Traum stoppen können.
3.Mache alles, was zur Realisierung deines Ziels erforderlich ist - unabhängig davon, wie deine eigentliche Aufgabenbeschreibung aussieht.*"

¹⁰² *Sich in Vielfalt gemeinsam ausrichten* stammt von Silke Helfrich, die zum Thema Commons so etwas wie die deutsche Elinor Ostrom war.

¹⁰³ Die Zitate von Judith Kohlenberger stammen von S.9 aus ihrem Buch *Wir* von 2021.

¹⁰⁴ Meine Formulierung wurde inspiriert durch die Ausdrucksweisen *Selbstsein-in-Verbindung* bzw. *Selbstsein-durch-Verbundenheit* von S. 82 bzw. 133 aus *Enlivenment* von Andreas Weber. Es geht um die Selbstwerdung durch das Verbundensein, *Individuation-in-Verbindung*. Auf S. 72 von *Sein und Teilen* schreibt Weber 2017: „*Dieser Weg besteht darin, Selbstsein nicht gegen den anderen, sondern durch innige Verbindung mit ihm zu realisieren.*" Freiheit und Gemeinschaft, Autonomie und Verbundenheit sind demnach keine Gegensatzpaare, sondern bedingen einander, so auch Gerald Hüther. Es geht dabei weder um *me before we* noch um *we before me*, sondern um jeweils gesunde Anteile *Ich im Wir* und *Wir im Ich*.

¹⁰⁵ Den Begriff der *Barfußökonomie* erfand der Ökonom Manfred Max-Neef im Chile der 1980er. Gemeint ist damit eine Entwicklung nach menschlichem Maß (*Human Scale Devolopment – HSD*), die den von Ernst Friedrich Schumacher 1973 in *Small is beautiful* angelegten Pfad bewandeln. Dass die Organisationsentwicklung von der Pyramide der Theorie X zur Kreis- bzw. Netzwerkorganisation der Theorie Y führen würde, ahnte Douglas McGregor bereits 1960: "*It is probable that one day we shall begin to draw organization charts as a series of linked groups rather than as a hierarchical structure of individual 'reporting' relationships.*"

¹⁰⁶ Fotoquelle: https://www.instagram.com/vorsprungatwork/

Ein Tugendkreis aus Wahrhaftigkeit und Resonanz

¹⁰⁷ Der Mönch David Steindl-Rast sagt über die Bedeutung des Dankbarseins: „*Nicht das Glücklichsein führt zur Dankbarkeit, sondern die Dankbarkeit zum Glücklichsein.*"

¹⁰⁸ Im Deutschen hat sich für dieses Gegenteil eines Teufelskreises (*vicious circle*) bedauerlicherweise noch kein geflügeltes Wort durchgesetzt. Mir scheint *Tugendkreis* am geeignetsten (*virtuous circle* = tugendhafter Kreis).

[109] *„Verbindung heißt ja immer Verwandlung"*, stellt Andreas Weber auf S. 69 von *Sein und Teilen* fest, für Hartmut Rosa ist ein Kennzeichen der Resonanz die *Anverwandlung*.

[110] Vgl. dazu S. 142 in *Unfuck the Economy – Eine neue Wirtschaft und ein besseres Leben für alle*, 2020. Die Grundhaltung erinnert an die Goldene Regel der Ethik bzw. Kants kategorischen Imperativ. Ein Lieferkettengesetz zur Achtung der Menschenrechte in den globalisierten Wertschöpfungsketten wurde im Juni 2021 im Deutschen Bundestag verabschiedet und tritt 2023 in Kraft. Im Endeffekt geht es auch in der unternehmerischen Ethik immer um Verantwortungsübernahme wie aus den Konzepten des in Dänemark verbreiteten *Verantwortungseigentums* und der von Sebastian Burger erforschten *Abhilfeverantwortung* ersichtlich wird, vgl. dazu auch Marjorie Kellys *Owning our future – the emerging ownership revolution*. Es geht um das Denken und Verantworten von der Quelle bis zur Senke der Wertschöpfung. Friedrich Glasl wählte seinerzeit die schöne Metapher des *Lachsbewusstseins* für das Zurückschwimmen bis zur Quelle, um zu schauen, was dort und auf dem Weg geschieht.

[111] Mit Liebe als maximaler Form der Wertschätzung entfaltete Rüdiger Ulrich 2019 in *Nähe und Gemeinsinn* sein *Plädoyer für eine Ökonomie der Liebe*. Ökonomie der Verbundenheit lautet der Titel eines Buches von Charles Eisenstein von 2013. *Ecommony: UmCARE zum Miteinander* ist ein grundlegendes Buch der Politökonomin Friederike Habermann von 2016. Der organisationale Trend geht in Richtung *Ecommony of Flow and Love* der Kollaboration und Kokreation (*care, dare & share*) anstelle einer *Economy of Scale and Hate* der Ausbeutung und Verdinglichung. Zu *Economies of Flow* in einer Abwendung vom *Command & Control* vgl. die Ausführungen von John Seddon von 2003 und 2019.

[112] *Gleichwürdigkeit* bezeichnet die Beziehungsqualität, Kindern altersunabhängig mit vollem Respekt für ihr Individuum und ihre Bedürfnisse zu begegnen. Sie ist durch den dänischen Familientherapeuten Jesper Juul bekannt geworden. Zur Tauschlogikfreiheit vgl. Friederike Habermanns *ausgetauscht!*.

[113] Die wiederum vom lateinische *vivere (leben)* abgeleitete Wortschöpfung *Vivilisation* stammt von Petra Bock aus *Der entstörte Mensch*, wo sie dem Pfad von der Zivilisation zur Vivilisation einen eigenen Abschnitt widmet. Von der *machina machinarum* zur *communitas communitatum,* so Martin Buber: vom Menschen als *Maschine unter Maschinen* zur *Gesellung von Gesellungen*. Wie beispielsweise in der Dorfgemeinschaft: die dörflichen Prinzipien der Duz-Kultur, der Nähe, der Personalität, der Relation und Vertrautheit können zum Gemeinschaftsideal werden, so die selbsternannten Dorfromantiker Harald Lesch und Thomas Schwartz 2020 in *Unberechenbar – Das Leben ist mehr als eine Gleichung*.

[114] Das unterstreicht bereits der Titel eines Buches von Friedrich Cramer von 1996: *Symphonie des Lebendigen - Versuch einer allgemeinen Resonanztheorie*. Die vom lateinischen *vivere (leben)* ableitbare und von Heike Löschmann vorgeschlagene Wortschöpfung, *Enlivenment* für *Verlebendigung* liefert den Titel für eben jenes lesenswerte Essay von Andreas Weber für eine *Kultur der Lebendigkeit* von 2016, etliche seiner Werke erläutern diese. *„Lebendigkeit ist das Wirklich werden im Austausch"*, schreibt Andreas Weber 2017 in *Sein und Teilen* auf S. 40. In die gleiche Richtung zielten 2016 Lars Hochmanns *Die Aufhebung der Leblosigkeit – Eine praxis- und naturtheoretische Dekonstruktion des Unternehmerischen* sowie 2021 Silke Luinstras *Lebendigkeit entfesseln – Acht Prinzipien für ein*

neues Arbeiten in Wirtschaft, Bildung und Gesellschaft und Corine Pelluchons *Das Zeitalter des Lebendigen - Eine neue Philosophie der Aufklärung.*

[115] Disclaimer: Resonanz lässt sich zwar begünstigen, aber weder in ihrer Verfügbarkeit instrumentalisieren noch ihr Ergebnis vorhersagen. *Unverfügbarkeit* nennt Hartmut Rosa diesen Wesensaspekt.

[116] Hartmut Rosa, Resonanz. Eine Soziologie der Weltbeziehung. © Suhrkamp Verlag Berlin 2016, 2019.

Zwischenfazit - Gestalten oder gestaltet werden

[117] Von *Spiegelspielen* spricht Corine Pelluchon 2019 in *Ethik der Wertschätzung*, S. 189.

[118] Zitat von Harald Lesch und Thomas Schwartz aus *Unberechenbar*, S. 172.

[119] *Die Excelisierung des Lebens geht nicht auf*, stammt ebenfalls aus dem Buch von Harald Lesch und Thomas Schwartz, und zwar von S. 170. Vielmehr ist *Perfektionismus eine Lebens-Lähmung*, so Johannes Hartl auf S. 70 in seinem Buch *Eden Culture – Ökologie des Herzens für ein neues Morgen* von 2021. Vgl. dazu auch das 2021 von Hartmut Rosa mitherausgegebene *Lost in Perfection*. Unzählige Denker weisen auf diesen Umstand hin, exemplarisch sei hier eine der unzeitgemäßen Betrachtungen Nietzsches genannt, dass der Mensch *ein nie zu vollendendes Imperfektum* sei. Nichts muss perfekt sein oder werden, wie Beth Kempton in *Wabi Sabi – Die japanische Weisheit für ein perfekt unperfektes Leben* von 2019 erläutert, mit diesem wundervollen Zitat auf S. 232: „*Ein gut gelebtes Leben ist ein fortwährender Tanz zwischen Träumen und Taten.*" Vgl. zur Entmenschlichungsgefahr in der Zivilisation auch Robert Jungk *Die Zukunft hat schon begonnen – Entmenschlichung: Gefahr unserer Zivilisation* von 1952.

[120] Inspiriert durch Fritz Zorn der 1977 in *Mars* schrieb: „*Laut Sartre soll in dieser offenbar allgemein menschlichen Situation nicht das Wesentliche sein, was man aus dem Menschen gemacht hat, sondern, was er aus dem macht, was man aus ihm gemacht hat.*"

[121] Die Antworten auf diese beiden Fragen divergieren in der Regel frappierend. Fast jeder sieht sich selbst als einen selbstmotivierten Y-Menschen. Gleichwohl gehen viele Befragte davon aus, dass mindestens die Hälfte der anderen Menschen vom unmotivierten Typ X sei. Meines Erachtens lässt sich das Gap in der Selbst- und Menschheitseinschätzung, lässt sich dieses *McGregorsche Paradoxon* wie folgt auflösen: sehr wohl kann man in Unternehmen bei einigen Mitarbeitern ein Verhalten beobachten, welches unmotiviert wirkt etc., also der Theorie X zu entsprechen *scheint*. Wie bereits dargelegt tritt dieses Verhalten als Symptom und nicht als Ursache auf. Meines Erachtens ist dies der Punkt, auf den Douglas McGregor hinauswill: nicht Ursache und Wirkung zu verwechseln und als Führungskraft in der Lage zu sein, Unwilligkeit von Mitarbeitern als Reaktion auf die eigenen destruktiven Annahmen, das eigene negative Menschen- und Weltbild zu verstehen. Und mutiger zu werden, das ureigene positive Menschenbild Y auch auf der Arbeit vorzuleben. Douglas McGregor würde wahrscheinlich sagen, dass es Menschen vom Typ der Theorie X überhaupt nicht gibt, dass vielmehr ein jeder Mensch intrinsisch motiviert ist und wachsen will, also ein Y-Mensch ist. Davon ist der Organisationsentwickler Niels Pfläging, der die Theorie X und Y in seinen Vorträgen sehr anschaulich zu erläutern versteht, fest überzeugt.

3 Ich - Persönliche Entwicklungen

[122] *Expat* ist die Kurzfassung für *Expatriate*, also für aus der Heimatorganisation auf Zeit ins Ausland entsandte Mitarbeiter.

[123] *Ja, renn nur nach dem Glück,*
doch renne nicht zu sehr,
denn alle rennen nach dem Glück,
das Glück rennt hinterher.
   Bertolt Brecht (*Die Dreigroschenoper*, 1928)

[124] Die Novelle *Ein fliehendes Pferd* von Martin Walser ist eines meiner Lieblingsbücher. *Immer, wenn ich den Sinn des Lebens gefunden habe, ist er schon wieder woanders*, meinte der amerikanische Sozialphilosoph und Theologe Reinhold Niebuhr einst, so Daniel Klein in seinem gleichbetitelten Buch. Niebuhr gilt als Verfasser des weltberühmt gewordenen Gelassenheitsgebets, zugleich Bitte um Mut und Weisheit: *Gott, gib mir die Gelassenheit, Dinge hinzunehmen, die ich nicht ändern kann, den Mut, Dinge zu ändern, die ich ändern kann, und die Weisheit, das eine vom anderen zu unterscheiden.*

Wachstum - Der Lauf des Lebens

[125] Zitat von Ludwig Feuerbach aus: *Grundsätze der Philosophie der Zukunft*, 1843, § 42.

[126] Vgl. Sigmund Freuds Strukturmodell der Psyche oder Drei-Instanzen-Modell aus *Das Ich und das Es* von 1923. Erich Fromm beschaut in *Escape from Freedom* 1941 die *Familie als psychologische Agentur der Gesellschaft* (Zitat von S. 228 der deutschen Ausgabe von 1983).

[127] Während die Gene und die Evolutionsbiologie auf Charles Darwin zurückgehen, hat der Evolutionsbiologe Richard Dawkins 1976 die Memtheorie vorgestellt, die bis heute umstritten ist. Ich verwende den Begriff der Memetik hier dennoch als einprägsames kulturelles Pendant zur Genetik und da es dem später noch betrachteten Entwicklungsmodell des menschlichen Bewusstseins namens *Spiral Dynamics* zugrunde liegt.

[128] Die neurobiologische Metapher der Verwicklungen bzw. Einwicklungen im Gehirn, die dann wieder zu entwickeln sind, um im wahrsten Sinne des Worte Entwicklung zu ermöglich, habe ich bei Gerald Hüther aufgeschnappt.

[129] Die wechselseitigen Angewiesenheiten von Individuen aufeinander betont Norbert Elias in seiner Prozesssoziologie und verwendet dafür die Begriffe *Figuration* und *Interdependenzgeflecht*. Die Individualität geht immer Hand in Hand mit gesellschaftlicher Bedingtheit, der Mensch gedeiht stets in und durch Beziehungen, immer relational, wie Elias bereits 1939 in *Die Gesellschaft der Individuen* bemerkte, im Originalzitat (nach S. 92 f. der Taschenbuchausgabe von 1987): „*das Wissen darum, dass er alles, was er ist und wird, in Beziehung zu anderen Menschen ist und wird (...) diese unaufhebbare Einbettung jedes „Ich" in ein „Wir".*" Mit anderen Worten: Sozialisation und Individuation sind zwei Seiten ein und derselben Medaille. Der spanische Lebensphilosoph José Ortega y Gasset brachte diesen *Zirkunzialismus* auf die einprägsame Formel: *Ich bin Ich und meine Lebensumstände.*

Eingebettet im Wir des Zeitgeists

[130] Vgl. dazu auch das Kapitel 2 von Joachim Bauers *Fühlen, was die Welt fühlt – Die Bedeutung der Empathie für das Überleben von Menschheit und Natur* von 2020.

[131] Der Beruf und die Arbeit hat neben der Existenz- und Wohlstandssicherung für den Einzelnen immer auch einen organisations- und gesellschaftsprägenden Aspekt, der dabei leicht übersehen wird. Natalie Knapp formulierte dies 2013 in ihrem *Kompass neues Denken* auf S. 169 wie folgt: „*Sozial unterernährt, vergessen wir, dass wir durch unsere Arbeit nicht nur Geld verdienen, sondern auch Gesellschaft mitgestalten.*"

[132] Vergleiche dazu die Ausführungen des Historikers Yuval Noah Harari in seinen Bestsellern sowie des Anthropologen James Suzman in *Sie nannten es Arbeit - Eine andere Geschichte der Menschheit* von 2021. Frithjof Bergmann fasste dies 1977 in *On being free* 1977 auf S. 230 in einem Satz zusammen: "*If men through their pre-history were largely equal, then history brought first the servitude of the many under the lordship of the few, and then the servitude of all under the tyranny of work.*"

[133] Vgl. dazu z.B. *Am laufenden Band - Aufzeichnungen aus der Fabrik* von Joseph Ponthus, *Das unternehmerische Selbst - Soziologie einer Subjektivierungsform* von Ulrich Bröckling, Joël Luc Cachelins *Einhorn-Kapitalismus – Wie die mächtigsten Start-ups der Welt unsere Zukunft bestimmen* und Timo Daums *Agiler Kapitalismus - Das Leben als Projekt* von 2020.

[134] Vgl. dazu *Die protestantische Ethik und der Geist des Kapitalismus* von Max Weber, *Die Furcht vor der Freiheit* von Erich Fromm sowie Hartmut Rosas *Resonanz*.

[135] In Anlehnung an S. 32 in *Das falsche Leben* von Hans-Joachim Maaz aus dem Jahr 2017.

[136] Die amerikanische Originalausgabe namens *Escape from Freedom* stammt aus dem Jahr 1941, das deutsche *Die Furcht vor der Freiheit* von 1945 (Zitat auf S. 201, TB von 1983).

[137] *Wer bin ich, und wenn ja, wie viele?* ist ein Bestseller von Richard David Precht.

[138] Das Konzept des inneren Teams und des moderierenden Teamleiters stammt vom Hamburger Kommunikationspsychologen Friedemann Schulz von Thun.

Kinder- und Erwachsenenspiele

[139] Das *Offenstehen der Welt* und das *Bezwingen* dieser Zumutung lehnen sich an Sophie Passmanns Schilderungen auf S. 10 in *Komplett Gänsehaut* aus dem Jahr 2021 an.

[140] Frei zitiert nach Ernest Beckers *The Denial of Death* von 1973 (S. 199 im TB von 1997).

Bedürfnisse machen bedürftig

[141] Wenn ein Grundbedürfnis erfüllt ist, verschwindet es als Motivator und die Bedeutung des Bedürfnisses wird so lange unterschätzt, bis man vielleicht in einer persönlichen Krise wieder auf diesen Mangel zurückfällt.

[142] Die Bewusstmachung der prägenden Wirkung von Belohnung und Bestrafung bzw. Lob und Tadel und der Loslösung davon ist ein Eckpunkt der Individualpsychologie und Entwicklungsphilosophie Alfred Adlers. Auf dem *äußeren und inneren Halt* basierte die Heilpädagogie Paul Moors – für diesen Hinweis danke ich Anja Stysch.

Grenzen - Die Enden des Strebens

[143] Marianne Gronemeyer prägte die Kurzformel 1988 in *Die Macht der Bedürfnisse*, S.71.

[144] Alfred Adler meinte 1933 in *Der Sinn des Lebens* gar: „*Menschsein heißt, ein Minderwertigkeitsgefühl zu besitzen, das ständig nach Überwindung drängt.*" (S. 49 des TB von 2008)

[145] Die Schachspielmetapher habe ich von Abraham Maslow übernommen, aus *Motivation und Persönlichkeit* von 1954, dort auf S. 192.

Selbstentfremdung im *LemmingWay*

[146] Ich kombiniere hier Gedankengut von Esther Vilar und Alfred Adler.

[147] *Du musst nicht von allen gemocht werden*, so 2019 die Adler-Rezipienten Ichiro Kishimi und Fumitake Koga mit auf S. 163 und 170 eben diesem: „*Der Wunsch nach Anerkennung macht unfrei. (...) Freiheit besteht darin, von anderen Menschen nicht gemocht zu werden.*"

[148] Diese schöne Metapher habe ich von Tobi Rosswog von S. 30 aus *After Work* geklaut.

[149] Die Verfilmung des Romans *Timm Thaler oder Das verkaufte Lachen* von James Krüss mit Thommie Ohrner war 1979 die erste deutsche TV-Weihnachtsserie.

[150] Der englische Dichter Edward Young sprach vom *Fremdling, der in Dir ist*. Auf ihn geht das berühmtgewordene Zitat von Original und Kopie zurück, welches er selbst als Frage formulierte: *"We are all born originals – why is it so many of us die copies?"*

Selbstverwirklichung im *MyWay*

[151] Die Ausdrucksweise *präexistenzieller Dichter, Maler* habe ich Georg Simmels *Lebensanschauungen* von 1918 übernommen, dort aus dem Teil *II Die Wendung zur Idee*.

[152] Abraham Maslow weist in seinen Arbeiten darauf hin, dass er den Ausdruck *self-actualization* von Kurt Goldstein übernommen und dessen Sichtweisen erweitert hat.

[153] *Im Grunde gut – Eine neue Geschichte der Menschheit* skizzierte Rutger Bregman 2020.

[154] Die Wiederholung im *wirklich, wirklich* wurde zum Markenzeichen von Frithjof Bergmann. *Hört auf zu arbeiten!* betitelten Anja Förster und Peter Kreuz 2013 *Eine Anstiftung, das zu tun, was wirklich zählt*.

[155] Die Zitate von Frithjof Bergman stammen aus seinem Hauptwerk *Neue Arbeit, Neue Kultur* von 2004, dort von S. 11 und S. 385.

[156] *Walden oder Leben in den Wäldern* von Henry David Thoreau aus dem Jahr 1854 handelt von dessen über zweijährigem Aussteigen in einer selbstgebauten Blockhütte im Wald: „*Ich zog in den Wald, weil ich den Wunsch hatte, mit Überlegung zu leben, dem eigentlichen, wirklichen Leben näher zu treten, zu sehen, ob ich nicht lernen konnte, was es zu lehren hätte, damit ich nicht, wenn es zum Sterben ginge, einsehen müsste, dass ich nicht gelebt hatte. Ich wollte nicht das leben, was nicht Leben war; das Leben ist so kostbar.*"

Wie sehr Frithjof Bergmann diese Denke für sein New Work übernommen hat, zeigen folgende Aussagen aus einem Interview mit den *Pioneers of Change* von 2018: „*Wenn die Frage ist, wie kann ich denn dazu kommen, wirklich zu leben, dann ist die Antwort: versuche Arbeit zu tun, die Dir nicht peinlich ist, versuche Arbeit zu tun, die Dich lebendig macht, versuche Arbeit zu tun, von der Du sagen kannst: das ist die Arbeit, die ich wirklich, wirklich will. Das würde helfen, Dich dazu zu bringen, dass Du wirklich lebst und nicht schon tot bist, nur nicht tot genug, um begraben zu werden."*

[157] *New Work needs Inner Work* ist ein Selbsterfahrungsbericht von Joana Breidenbach und Bettina Rollow von 2019 mit Joanas Nachfolgewerk *Innenansicht* von 2021.

[158] Die Angst vor der eigenen Großartigkeit nannte Maslow inspiriert durch einen Kollegen *Jonas-Komplex*: Der Mensch wählt im Zweifel lieber das Sichere als das Mögliche. Rebekka Reinhard formulierte es 2009 im Kapitel 2 ihrer *Sinn-Diät* wie folgt: „*Frei sein heißt nicht: Tun was die anderen tun – und trübsinnig werden. Frei sein heißt: Angst haben und leben.*"

Selbstvergänglichkeit

[159] Die Formulierung lehnt sich an Stephen Caves TED-TALK an.

[160] *Das Leben ist ein vorübergehender Zustand* ist Gabriele von Armins Romanbestseller von 2021. *Das eine menschliche Lebensfrist dauernde Sterben* stammt von Martin Buber.

[161] *Jeder Tag mehr ist ein Tag weniger* stammt womöglich von Hanns Dieter Hüsch, ich habe es von Harald Lesch übernommen.

[162] *Keiner von uns kommt hier lebend raus* ist ein Zitat des Schauspielers Anthony Hopkins.

[163] So Hannah Arendt gemäß S. 76 von Andreas Webers *Lebendigkeit*.

[164] Die Formulierung *Todesverflochtenheit (des Lebens)* habe ich dem Teil *III Tod und Unsterblichkeit* der *Lebensanschauungen* von Georg Simmel von 1918 entnommen. Daniel Illger verwies 2021 unter dem Titel *Kosmische Angst* auf eine mögliche hinter der Sehnsucht nach dem Unbekannten jenseits des eigenen Todes verborgene Angstlust.

[165] *Flatland* bzw. *Flächenland* lautet das gleichnamige *Märchen mit vielerlei Dimensionen* von Edwin A. Abbott von 1884, welches ich hier als *Flachland* aufgreife. *Palliativgesellschaft – Schmerz heute* hat Byung-Chul Han sein 2020er Essay betitelt. Mag man ihm Glauben schenken, wäre eine Überwindung unserer vorzugsweise schmerzvermeidenden *Palliativgesellschaft* keineswegs als Rückschritt zu deuten. Um Missverständnissen an dieser Stelle vorzubeugen: ich bin ein absoluter Befürworter der Palliativmedizin. Das Ummanteln (*palliare*) von Schmerzen scheint mir eine bestmögliche Fürsorge zu sein bei chronisch bzw. unheilbar Erkrankten. Im Rahmen eines *Seitenwechsels* auf der Palliativstation eines Klinikums in Hamburg konnte ich mir davon ebenso ein Bild machen wie im Rahmen einer Lebens- und Sterbebegleitung.

[166] *Der Ego-Tunnel - Eine neue Philosophie des Selbst: Von der Hirnforschung zur Bewusstseinsethik* ist das Buch des Philosophen Thomas Metzinger aus dem Jahr 2009 betitelt.

[167] Ernest Becker schreibt in *The Denial of Death*, 1973, hier S. 66 der Ausgabe von 1997: „*Die Ironie im menschlichen Sein besteht darin, dass es sein tiefstes Bedürfnis ist, frei von der Angst vor Tod und Vernichtung zu sein; aber es ist gerade das Leben selbst, das diese Angst erzeugt, weshalb wir davor zurückschrecken müssen, vollständig lebendig zu sein.*"

[168] Bereits 1830 entlarvte Ludwig Feuerbach in *Gedanken über Tod und Unsterblichkeit* den Unsterblichkeitsgedanken, den die Religionen mit der Aussicht auf ewiges Leben verbreiten, als lebensfeindlich: Hier auf Erden darf der Mensch bloß nichts falsch machen, um nach dem Tod im Himmel die Früchte für die eigene Folgsamkeit und Selbstbeschränkung zu ernten. Sein eigenes Leben wirbelte Ludwig Feuerbach mit seiner anonym veröffentlichten Erstlingsschrift gehörig durcheinander: aufgrund der religionskritischen Inhalte – der Mensch schuf Gott nach seinem Bild, als seine Projektion, *das Geheimnis der Theologie ist die Anthropologie* – wurde er als Verfasser polizeilich gesucht und ermittelt und verbaute sich damit die akademische Karriere. – Von *Unsterblichkeitsprojekten* sprach der Freud-Schüler Otto Rank. Vgl. dazu *The Denial of Death* von Ernest Becker von 1973 und *Lack & Transcendence* von David Loy von 1996.

[169] Die Pointierung als *Kontrasterfahrung* verdanke ich Christian Kugelmeier.

[170] Aus: Viktor Frankl, *Über den Sinn des Lebens* © 2019 Beltz Verlag in der Verlagsgruppe Beltz, Weinheim Basel

[171] Hierbei handelt es sich um ein leicht abgewandeltes Zitat von Friedrich Cramer aus der *Symphonie des Lebendigen* von 1996, S. 180.

[172] Wir werden wir selbst, indem wir in Grenzsituationen sehenden Auges eintreten, so Karl Jaspers.

[173] *Leben muss man das ganze Leben lang lernen*, so Seneca. *Leben heißt sterben lernen*, so Andreas Weber 2014 auf S. 91 in *Lebendigkeit*.

[174] Die Auffassung des Lebens als These und des Todes als Antithese entstammt dem Teil *III Tod und Unsterblichkeit* der *Lebensanschauungen* von Georg Simmel von 1918.

[175] *Das Leben als letzte Gelegenheit*, so formuliert es Marianne Gronemeyer. Michael Schmidt-Salomon schließt in *Entspannt euch!* Von 2019 auf S. 116: „*Gerade dadurch, dass Du die Endgültigkeit des Todes akzeptierst, wirst Du die eigentliche Bedeutung des Lebens erkennen. Denn mit der Absage an das Jenseits steigert sich der Wert des Diesseits: Nur weil das Leben endlich ist, ist es unendlich kostbar.*"

[176] Das Jetzt, so Eckhart Tolle, ist die einzige Ewigkeit, die dem Menschen gegeben ist. „*Finde das ‚schmale Tor, das zum Leben führt'. Es heißt: Das Jetzt*" (*Jetzt*, 2000, S. 82).

[177] Die US-Talkerin Oprah Winfrey fragte den Achtsamkeitsforscher Jon Kabat Zinn einmal, was er zur Frage nach der Möglichkeit eines Lebens nach dem Tod denke. Verwundert meinte Jon Kabat Zinn, ob es nicht die interessantere Frage sei, ob es die Möglichkeit eines Lebens vor dem Tod gebe. Dadurch kam ich auf die Formulierung.

Transformation - **Der Sinn des Lebens**
Sinnverwirklichung

[178] Mit der Bezeichnung Individualpsychologie betonte Alfred Adler die Ganzheitlichkeit (*individuell* = unteilbar) des Menschen und grenzt sich so von der Freudschen Aufspaltung in Ich, Es und Über-Ich ab.

[179] Zur *Psychologie des Lebenssinns* vgl. Tatjana Schnells gleichnamige Arbeit von 2016.

[180] Die drei Vorträge *Selbstmord, Zwangsvernichtung, KZ* veröffentlichte Frankl im Buch *... trotzdem ja zum Leben sagen* unter neuen Überschriften: *Vom Sinn und Wert des Lebens I + II, Experimentum crucis*. Aus dessen Neuveröffentlichung unter dem Titel *Über den Sinn des Lebens* zitiere ich hier, im Vorangegangenen und im Folgenden.

[181] Aus: Viktor Frankl, *Über den Sinn des Lebens* © 2019 Beltz Verlag in der Verlagsgruppe Beltz, Weinheim Basel

[182] Der Beitrag *Self-Transcendence as a Human Phenomenon* von Viktor Frankl erschien 1966 im *Journal of Humanistic Psychology*, der von Abraham Maslow mitbegründeten führenden Fachzeitschrift in der humanistischen Psychologie. Auf S. 104 schreibt Viktor Frankl dort frei übersetzt: *„Der Mensch lebt nach Idealen und Werten. Das menschliche Leben ist nicht wahrhaftig, sofern es nicht im Geiste der Selbsttranszendenz gelebt wird. (...) Selbsttranszendenz ist das Wesen der menschlichen Existenz."*

[183] Entsprechend resümierte Maslow 1966 in *Comments on Dr. Frankl's paper* auf S. 108: *„Ich stimme also völlig mit Frankl darin überein, dass das grundlegendste Anliegen des Menschen (ich würde eher sagen sein "höchstes Anliegen") sein Wille zur Sinnverwirklichung ist."*

Von der Mangel- zur Metamotivation

[184] Abraham Maslow ist nicht nur ein Mitbegründer der humanistischen Psychologie, sondern auch der weniger etablierten transpersonalen Psychologie. Ihr widmete er 1969 eine neue Fachzeitschrift, das *Journal of Transpersonal Psychology*. Die beiden Artikel tragen die Titel *Various Meanings of Transcendence* und *Theory Z*. Die Bezeichnung *Theorie Z* verwendete Maslow als Fortführung der Theorien X und Y von Douglas McGregor. McGregor hatte angeblich selbst eine Synthese Z aus seiner Hypothese Theorie Y und Theorie X als seiner Antithese versucht. William G. Ouchi hat eine Mischung aus amerikanischer und japanischer Management-Philosophie, Typ A und Typ J, als Theorie Z bezeichnet. Auf der Theorie Z von Maslow baut auch William James Reddins *3D-Konzept* auf: neben der aufgabenorientierten Führung *management by objectives* und der personenorientierten Führung *management by relations* führt er dort als dritte Dimension die situationsorientierte Führung ein.

[185] Dass seine Bedürfnishierarchie mitnichten statisch zu verstehen ist, sondern dynamisch und integrativ, gab Abraham Maslow schon in der Einleitung des wissenschaftlichen Artikels *A Theory of Human Motivation* von 1943 unmissverständlich zu verstehen. Die Wellenform entspricht der Darstellungsform, die der Entwicklungspsychologe Clare Graves verwendete zur Illustration seines später unter der Bezeichnung *Spiral Dynamics* bekannt gewordenen Modells menschlicher Bewusstseinsentwicklung, von dem im Schlusskapitel noch die Rede sein wird. Gerade auch zu Maslows Zeiten sind diverse Phasenmodelle zur Entwicklungspsychologie entworfen worden. Maslow verweist auf die Parallelen zu Freud und Erikson, daneben sind Jean Gebser, Jean Piaget und Lawrence Kohlberg zu nennen. Michael Tomasello lieferte 2020 mit *Mensch werden* eine neue Theorie der Ontogenese, also der kindlichen Individualentwicklung.

[186] Natürlich handelt es sich bei der vorgestellten Wellenentwicklung nur um ein idealtypisches theoretisches Verlaufsmodell. Jedes einmal befriedigte Bedürfnis kann im Lauf des Lebens jederzeit wieder in den Vordergrund rücken, zum Beispiel durch eine Krisensituation wie auftretender Arbeitslosigkeit, bei der die Zugehörigkeit zu einer

Firma und die finanzielle Sicherheit wegbrechen. Umgekehrt kann auch ein höheres Bedürfnis überlebenswichtig werden, selbst wenn existenzielle Bedürfnisse gefährdet sind: Frankls Wille zur Sinnverwirklichung steht auch für seinen Überlebenswillen im Angesicht der existenziellen Bedrohungen im KZ.

[187] Die Bezeichnung *Metamotivation* sowie die noch folgenden Begriffe *Metabedürfnisse* und *metahuman* stammen von Abraham Maslow. Jean Paul Sartre sagte: „*Der Mensch ist nichts anderes als sein Entwurf; er existiert nur in dem Maße, als er sich entfaltet.*"

[188] Grafikquelle: Guttmann referiert auf Krech, D./Crutchfield, R. S./Ballachey, E. L. (1962), Individual in society, Tokyo etc. 1962, S. 77 (https://de.wikipedia.org/wiki/Maslowsche_Bedürfnishierarchie, https://creativecommons.org/licenses/by-sa/4.0/)

[189] Vgl. dazu *Self-Transcendence as a Human Phenomenon* von Viktor Frankl, auf S. 99 bezieht er sich dabei auf Aaron J. Ungersmas Buch *The Search For Meaning* von 1961. *Überleben, gesehen werden* und *sich entfalten* - auf diesen drei Ebenen hat der Psychologe Clayton Alderfer Maslows Bedürfnisse für den Unternehmenskontext zusammengefasst unter dem Akronym *ERG* für *Existence, Relatedness* und *Growth*, also: materielle Existenzsicherung, zwischenmenschliche Resonanz und Selbst- sowie Sinnverwirklichung.

[190] „*Verantworten ist ein Antworten, auf die Welt, auf die anderen, auf mein Inneres*", so Martin Buber 1973 in *Das dialogische Prinzip*.

[191] *Von der Lohnarbeit zur Sinnarbeit* lautet der Titel des Beitrags von Lilli Leirich in dem 2021 erschienen Ausblick auf das kommende Jahrzehnt mit dem Titel *Zukunftsrepublik*. Den Begriff der *inneren Nachhaltigkeit* habe ich von Daniel Sieben übernommen, der ihn als komplementäre Ergänzung zur äußeren Nachhaltigkeit bereits in seiner Promotion 2007 verwendete sowie auch 2021 in seinem Buch *Ganz Mensch sein – Wie wir die Schein-Nachhaltigkeit überwinden – ein Transformationsleitbild*.

[192] *Ikigai* reicht bis in die Tiefen der japanischen Weisheitslehren reicht. Ken Mogis *Ikigai - Die japanische Lebenskunst* schildet folgende fünf Säulen des Ikigai: *klein anfangen, loslassen lernen, Harmonie und Nachhaltigkeit leben, die Freude an kleinen Dingen entdecken, im Hier und Jetzt sein*.

[193] Maslow spricht vom Übergang von *peak experiences* zu *plateau experiences*. Das Forschungsfeld der Gerotranszendenz hat der schwedische Soziologe Lars Tornstam begründet und in seinem 2005 erschienen Buch *Gerotranscendence – A Developmental Theory of Positive Aging* ausgeführt. Psychosoziale Reife äußert nach den Entwicklungspsychologen Erik und Joan Erikson als *Generativität* und auch als *Ich-Integrität*: das Ich ist bereit zu geben, auch für andere Generationen und kann die Anteile seines Selbst, seine inneren Stimmen und Beziehungsanteile, die Ecken und Kanten der eigenen Lebenswanderung miteinander versöhnen, muss nichts mehr verdrängen oder abspalten.

[194] Maslow habe ich hier nach Scott Barry Kaufmans *Transcend*, dort S. 241 zitiert. Auf S. xvi im Vorwort zitiert Kaufman Maslow: „*Wenn es Dir gelänge, die Angst vor dem Tod zu transzendieren, würde sich Dein heutiges Leben, in diesem Moment, ändern. Und der Rest Deines Lebens würde sich ändern. Jeder Moment würde sich ändern. Ich denke, dass es möglich ist, dies auch zu vermitteln – in Form der Transzendierung des Egos.*"

[195] Abwandlung der Songzeilen der Hamburger Songwriterin Cäthe: *Viele kleine Tode muss man sterben um ein ganzer Mensch zu werden* aus ihrem Lied *Waffen niederlegen*.

[196] Das Ich ist zugleich Nichts und Alles. Das buddhistische *Shunyta* kann als Leere, aber zugleich als unbegrenzte Potenzialität verstanden werden (vgl. David Loy, *Erleuchtung, Evolution, Ethik*, 2015, S. 139 f.). Das Ich ist buchstäblich der Mittelteil des Nichts wie auch des Lichts. Andreas Maier schreibt 2006 in *Ich* auf S. 124: *"Ich, diese drei Buchstaben sind der Mittelteil des Wortes Nichts, das Nichts umschließt das Ich. (...) Ich bin inmitten des Nichts."* Wie im Jugendroman *Nichts – Was im Leben wichtig ist* von Janne Teller.

Selbsttranszendenz

[197] In gewisser Hinsicht ist das Ich allein schon aus seiner Subjekt-Objekt-Logik und den damit verknüpften dualistischen Verhaftungen heraus stets allem Wahrgenommenen oder Eingebildeten, welches dem eigenen Selbst gegenübersteht oder gegenüberzustehen scheint, unterworfen. So ist auch der Titel und eine Quintessenz der Überlegungen zu verstehen, die Wolfram Kretschmann 2020 veröffentlichte: *Das durch das Entgegenstehende Unterworfene – Überlegungen zum Selbstbild*. Bei allem, was das Ich denkt, sieht es sich selbst wie die Spinne im Zentrum eines Netzes, auf das alles Wahrgenommen, alle Dinge, alle Relationen zulaufen. Was das Ich als Spinne im selbstgesponnenen Netz übersieht, ist, dass dieses Ich, dieses Selbst gar nicht existiert, so Kretschmann auf S. 14: *„Die leere Mitte ist der blinde Fleck in unserer Selbst- und Welterkenntnis."*

[198] Die Theorie Z umspannt somit die vier Dimensionen der intra- sowie interpersonalen, der physischen sowie transpersonalen Selbsttranszendenz. Diese vier Dimensionen der Selbsttranszendenz hat die amerikanische Pflegewissenschaftlerin Pamela Reed unterschieden in ihren Forschungen zum mentalen und spirituellen Wohlbefinden gerade auch zum Lebensende. Maslow selbst schließt 1969 seine *Various Meanings of Transcendence* ganz ähnlich: *„Eine komprimierte Aussage: Transzendenz verweist darauf, wie sich die allerhöchsten und umfassendsten oder holistischsten Ebenen des menschlichen Bewusstseins (...) zu sich selbst, zu bedeutsamen Anderen, zu Menschen im Allgemeinen, zu anderen Spezies, zur Natur und zum Kosmos verhalten und beziehen."*

[199] Die Formulierung, dass Menschen im Singular nicht vorkommen, habe ich von Michael Schmidt-Salomon aus *Entspannt euch* von 2019, dort von S. 137 übernommen. Vgl. dazu auch das *Gemeinschaftsgefühl* nach Adler.

[200] Vgl. dazu Thich Nhat Hanhs *Interbeing - Fourteen Guidelines for Engaged Buddhism* von 1987 sowie u.a. Charles Eisensteins Bücher. Implizit ist alles eins, das Ganze spiegelt sich in den Teilen, so David Bohms *Die implizite Ordnung – Grundlagen eines dynamischen Holismus* 1985.

[201] Das *Gefängnis seiner Isolierung und Selbstsucht* ist ein Formulierung Erich Fromms von S. 55 aus *Ihr werdet sein wie Gott* von 1966.

[202] Jegliche Beziehung basiert auf der Selbstbeziehung. Keine Nächstenliebe ohne Selbstliebe. *„Das Verhältnis zum Selbst ist der Schlüssel für das Verhältnis zu den anderen, Menschen und Nicht-Menschen, zur Politik, zur Ökonomie und zur Natur"*, so Corine Pelluchon 2019 in *Ethik der Wertschätzung*, dort auf S. 279.

[203] *Intrinsische Nachhaltigkeit* lautet der Titel der 2020 veröffentlichten Dissertation von Steve Windels zur *Persönlichkeitsentwicklung als Kernprozess für die Herausbildung eines nachhaltigen Bewusstseinsschwerpunktes*. Aus *Der Sinn der Welt* vom französischen Philosophen Jean Luc Nancy habe ich abgewandelt: *Der Sinn ist gemeinsam, oder er ist nicht.*

[204] Zitat von Jiddu Krishnamurti von S. 72 aus *Was machst Du aus Deinem Leben?*, 2021.

[205] Während die Resonanz neurobiologisch in den viel beachteten Spiegelneuronen beheimatet ist, katalysieren die weit weniger bekannten *Spindelneuronen* die Transzendenz. Sie helfen beim Auflösen vermeintlicher Paradoxien und befeuern die Ambiguitätstoleranz. Spiegel- und Spindelneuronen, die hirntechnischen Türöffner für Resonanz und Transzendenz, überwinden also Hand in Hand die Polaritäten von Ich und Selbst, von Ich und Du, von Wir und Welt sowie von Sollen und Wollen. Die Selbsttranszendenz eröffnet uns also nicht weniger als ein Tor zur Überwindung der zur Norm gewordenen psychosozialen Pathologie kühler Entmenschlichung und maßloser Egomanie, die wir je nach Kontext Alltag, Erziehung und Gehorsam, oder auch Turbokapitalismus, Wachstumszwang und Zeitgeist nennen.

[206] Diese Art der Formulierung, was Selbsttranszendenz ausmacht, lehnt sich an Paul Wong an, der sich in diversen Arbeiten mit Viktor Frankls (spirituellem) Vermächtnis auseinandersetzt.

[207] Aus: Viktor Frankl, *Über den Sinn des Lebens* © 2019 Beltz Verlag in der Verlagsgruppe Beltz, Weinheim Basel. Die Möglichkeit, etwas zum zweiten Mal machen zu können, bezeichnete Sigmund Freud als den *heißesten Wunsch der Menschheit*, wie Moritz Senarclens de Grancy 2021 aufgriff.

Zwischenfazit - Leben oder gelebt werden

[208] Der schmale Grat zwischen Ich und Wir bzw. die weite Allmende dazwischen waren auch Gegenstand der Überlegungen von Remo Largo in *Das passende Leben* von 2017 und *Zusammen leben* von 2020. Für ihn bestand der Sinn des Lebens darin, seine Individualität in Übereinstimmung mit der Umwelt zu leben. Vgl. zur Normopathologie sowie Singularität von Hans-Joachim Maaz *Das falsche Leben - Ursachen und Folgen unserer normopathischen Gesellschaft* von 2019 sowie von Andreas Reckwitz *Die Gesellschaft der Singularitäten - Zum Strukturwandel der Moderne* von 2017.

[209] Auf diese Formulierung hat mich das autobiografische Erstwerk *Der Verräter* von André Gorz (gebürtig Gerhard Hirsch) gebracht.

[210] Zitat abgeleitet von *Humble the Poet* alias Kanwer Mahl aus *Unlearn* von 2019.

[211] Das *ungelebte* oder *halblebendige Leben* sind Bezeichnungen, die ich von Frithjof Bergmann aufgeschnappt habe, der auf Tolstois 1886 erschienene Novelle *Der Tod des Iwan Iljitsch* verwies. Auch Fritz Zorns autobiografischer Roman Mars handelt von seinem ungelebten Leben. Auf die unerfüllten Lebenserwartungen hat mich Judith Schalansky in *Der Hals der Giraffe* von 2011 gebracht, auf S. 37 schreibt sie: „*Achtzig, neunzig Jahre Lebenserwartung. Was man vom Leben eben so erwartet. Und am Ende noch so viel Erwartung übrig.*"

212 *„Ich wünschte, ich hätte den Mut gehabt, mein eigenes Leben zu leben, nicht so viel gearbeitet, den Mut gehabt, meine Gefühle auszudrücken, den Kontakt zu meinen Freunden aufrechterhalten und mir erlaubt, glücklicher zu sein"*, so lauten die *5 Dinge, die Sterbende am meisten bereuen*, wie die Palliativpflegerin Bronnie Ware während ihrer Begleitung von unheilbar kranken Menschen erfahren und später veröffentlicht hat.

213 Welche Bilder tauchen auf, welche Geschichten erzählt der Film, welche Menschen spielen welche Rolle? Und welche Rolle spielen Sie selbst?

214 Friedemann Schulz von Thun bemerkt dazu auf S. 17 in *Erfülltes Leben* von 2021: *„Wenn C.G. Jung recht hat, werden und sollten Sie die zweite Halbzeit nicht mit derselben (inneren) Aufstellung spielen."* Die zweite Halbzeit für sich selbst niederzuschreiben, also zu skizzieren, wer man einmal gewesen sein möchte, ist ein lohnendes Gedankenexperiment. Im Coaching gibt es dies beispielsweise als Rede zum eigenen 80. Geburtstag, oder so wie bei Harald Welzer als *Nachruf auf mich selbst*. 2021 schreibt er darin auf S. 191: *„So ein Nachruf zu Lebzeiten ist ein 'call for action'."* Mit anderen Worten: werde derjenige Mensch, der Du werden möchtest. Oder aber: werde diejenigen Menschen, die Du werden möchtest: der irische Sozialphilosoph Charles Handy meint, das Leben sei lang, wir hätten genug Zeit für mindestens drei Leben, vielleicht auch mehr...

4 Theorie Zukunft - **Von der Selbstentfremdung zur Weltresonanz**

215 Die Rede habe ich selbst frei übersetzt.

216 Greta Thunberg sprach am 20. Oktober 2018 in Helsinki, diese und andere frühe Reden von ihr finden sich in *Ich will, dass ihr in Panik geratet! - Meine Reden zum Klimaschutz*, welches 2019 im Fischer Verlag, Frankfurt am Main, veröffentlicht wurde.

217 2021 haben renommierte Wissenschaftler auf eben diese Notwendigkeit hingewiesen unter der Absatzüberschrift *Changing the rules of the game* (vgl. Bradshaw, Corey; Ehrlich, Paul et al.: *Underestimating the Challenges of Avoiding a Ghastly Future*).

218 *Die Metamorphose der Welt* wurde 2016, ein Jahr nach Ulrich Becks Tod durch Herzinfarkt auf Englisch veröffentlicht, 2017 dann auf Deutsch, das Zitat stammt von S. 32.

219 Mit dieser Frage überschrieb Peter Bieri 2011 seine Frühlingsvorlesungen in Graz.

Gestern - **Gewinnen und verlieren**

220 Bis zu seinem Tod in seinem 72ten Lebensjahr im Januar 1986 arbeitete Clare Graves an einem Buch, in dem er die Ergebnisse seiner Forschung zusammenfassen wollte, welches aber wie bei Maslow unveröffentlicht blieb: *Up the Existential Staircase*.

221 Rainer Krumm und Benedikt Parstorfer beginnen und beenden ihr Buch *Clare W. Graves: Sein Leben, sein Werk – Die Theorie menschlicher Entwicklung* mit dem Hinweis, dass der kanadische Journalist Nicholas Steed das Werk von Graves 1967 in einem Artikel als *the theory that explains everything* bezeichnete. Im Jahr 2000 veröffentlichte Ken Wilber seine *Integral Vision for Business, Politics, Science and Spirituality* unter eben diesem unbescheidenen Titel: *A Theory of Everything*. So bezeichnen Physiker die (Suche nach der) Weltformel, eine universale Theorie, die alle Phänomene der Physik erklärt. Geläufig wurde Graves' Modell jedoch unter der Bezeichnung *Spiral Dynamics*, die seine

Schüler Don Beck und Chris Gowan ersannen, da sich die Bewusstseinsentwicklung Level für Level spiralförmig aufwärts entwickelt. Der *Mastercode der Menschheit* lautet der Untertitel des Praxisbuches zum Thema.

Vom Sammeln und Jagen zum Malochen und Klagen

[222] Das Zitat von Abraham Maslow findet sich auf S. 128 in *Motivation und Persönlichkeit* von 1954. Graves Untersuchungen liefen von 1952-1959. Graves hat seine Ergebnisse in den 1960ern in verschiedenen Vorträgen und Beiträgen bereits präsentiert und stetig weiterentwickelt. Dabei kam es auch zu Diskussionen mit Maslow, zumal sich die Entwicklungsmodelle der beiden an einigen Stellen unterschieden. Letztlich fanden Sie jedoch – auch mit Maslows Konzept der Selbsttranszendenz in der Theorie Z – im Wesentlichen zueinander. Eine Besonderheit, die sich bei Maslow nicht findet, ist das *Ich-Wir-Pendel* in der Graveschen Theorie, nach der das Bewusstsein von Stufe zu Stufe zwischen den beiden Polen der Ich-Fokussierung und des Wir-Bezugs der Gruppe, also zwischen Umweltgestaltung gemäß eigenen Vorstellungen und innerer Anpassung an die Erfordernisse im Außen oszilliert, vgl. dazu auch Marion und Werner Tiki Küstenmacher und Tilmann Haberer in *Gott 9.0*.

[223] Spiral Dynamics hat so auch den Beinamen *Memenomics* erlangt. Nach Ernst Haeckel vollzieht jedes Individuum in seiner Entwicklung (Ontogenese) die bisherige Gattungs-Entwicklung (Phylogenese). Nach Norbert Elias sind die Psychogenese und die Soziogenese interdependent. Mit anderen Worten: die Reifungspfade von Ich, Wir und Welt stimmen im Wesentlichen überein.

EGO - ökonomischer Egoismus und Entfremdung

[224] Jean-Jacques Rousseaus Schrift *Abhandlung über den Ursprung und die Grundlagen der Ungleichheit unter den Menschen* von 1755 war tatsächlich seine Antwort auf eine wissenschaftliche Preisfrage der Académie de Dijon: *Was ist der Ursprung der Ungleichheit unter den Menschen, und lässt sie sich vom Naturrecht herleiten?* Mit seiner Antwort gilt Rousseau als einer der Wegbereiter des Sozialismus.

[225] Für die Philosophin Eva von Redecker führt das Eigentum *ein ideologisches Eigenleben*, sie nennt diesen kollektiv eingebildeten, *in den modernen Seelen verankerten Verfügungsanspruch auf etwas, worauf eigentlich kein Anrecht besteht*, daher *fiktives Eigentum* oder *Phantombesitz*. Vgl. dazu ihr Werk *Revolution für das Leben - Philosophie der neuen Protestformen* von 2020 sowie ihre Ausführungen im Dialog mit Maja Göpel in *Schöpfen und Erschöpfen* von 2022, die Zitate hier stammen von den dortigen S. 11 ff..

[226] Diese Satzanfangsformulierung ist dem Buchtitel von Tomas Björkman von 2021 entlehnt: *Die Welt, die wir erschaffen - Von Gott zum Markt*. Die Bezeichnung der Aktienmärkte als Kathedralen des Wachstumskapitalismus habe ich von David Loy aus *Erleuchtung, Evolution, Ethik – Ein neuer buddhistischer Pfad* von 2015 übernommen. Vgl. dazu auch Georg Simmels *Philosophie des Geldes* von 1900, in der er den Sieg des Geldes als Sieg der Quantität über die Qualität, des Mittels über den Zweck charakterisiert und die er mit der Erkenntnis abschließt: *Geld wird Gott*.

[227] Bereits 1750 hatte Rousseau bei einer anderen Preisfrage der Akademie den ersten Preis erhalten für seinen Beitrag, der den hier zitierten Ausspruch enthält.

²²⁸ Vgl. dazu auch Robert Shillers *Narrative Wirtschaft: Wie Geschichten die Wirtschaft beeinflussen - ein revolutionärer Erklärungsansatz* von 2020.

²²⁹ Eckhart Tolle schrieb 2005 in *Eine neue Erde* auf S. 54: „*Das Ego neigt dazu, Haben und Sein zu verwechseln: Ich habe, darum bin ich. Und je mehr ich habe, umso mehr bin ich. Das Ego lebt vom Vergleich. Wie Du von anderen gesehen wirst, bestimmt irgendwann auch Dein Selbstbild.*"

²³⁰ So auch das gleichnamige Buch von Jens Förster von 2015.

²³¹ Wortspiel in Anlehnung an die Kapitelüberschrift *Die Bedeutung von Produktion und die Produktion von Bedeutung* in Karl-Heinz Brodbecks *Die fragwürdigen Grundlagen der Ökonomie - Eine philosophische Kritik der modernen Wirtschaftswissenschaften* von 1998.

²³² Zitat von Fabian Scheidler von S. 152 aus *Der Stoff aus dem wir sind* von 2021.

²³³ Das Bild der Entfremdung des Kollektiv-EGOs der Menschheit von der übrigen Biosphäre habe ich von David Loy aus *Erleuchtung, Evolution, Ethik – Ein neuer buddhistischer Pfad* von 2015, dort von S. 43 übernommen.

Monopoly = falsch im Falschen

²³⁴ Zum Begriff der *Bereicherungsgesellschaft* bzw. der *Bereicherungsökonomie* vgl. von Luc Boltanski und Arnaud Esquerre *Bereicherung – Eine Kritik der Ware* von 2019.

²³⁵ *Das Spiel des Lebens* trägt den Titel EGO, wie Frank Schirrmachers Werk von 2013.

²³⁶ Die Vergessenheit hielt an bis zum Jahr 1973, als der Wirtschaftsprofessor Ralph Anspach ein Brettspiel unter dem Namen *Anti-Monopoly* herausgab und daraufhin von Parker Brothers verklagt wurde. Es folgte eine Dekade aufreibenden Rechtsstreits, in dem schlussendlich festgestellt wurde, dass Darrow keineswegs der Erfinder des Monopolys war, dass das Patent der Parker Brothers 1935 unrechtmäßig zustande gekommen war und dass es damit nichtig ist. 1998 veröffentlichte Anspach im Selbstverlag – kein Verlag traute sich nach dem Rechtsstreit an die Veröffentlichung heran – die ganzen Hintergründe. Meine Darstellungen der Geschichte von Lizzie Magie, Henry George, Upton Sinclair, George Parker, Charles Darrow und dem *Monopoly* fußen auf den Schilderungen von Mary Pilon von 2015 in *The Monopolists – Obsession, Fury, and the Scandal Behind the World's Favorite Board Game*.

Heute - Entlernen und imaginieren

²³⁷ Die Zitate von Michael Hirsch stammen aus *Richtig falsch* von 2019, dort S. 154.

²³⁸ Vgl. dazu Erich Fromms *Haben oder Sein* von 1976 sowie Ludwig Marcuses *Der eindimensionale Mensch* von 1967 (im Original bereits 1964 erschienen) auf S. 27.

²³⁹ Diese berühmten Redewendungen stammen von Karl Marx und Friedrich Nietzsche.

Imagozellen = richtig im Falschen

²⁴⁰ Die folgenden Ausführungen sind angelehnt an Geseko von Lüpkes Interview mit Nicanor Perlas aus *Zukunft entsteht aus Krise*. Diesen wie andere Impulse verdanke ich den *Pioneers of Change*, die einen Schmetterling als Logo verwenden.

[241] Tomáš Sedláček empfiehlt in seiner lesenswerten *Ökonomie von Gut und Böse* eine *Sabbatökonomie* und verweist dort auch auf die biblischen Hintergründe. Das Sabbatjahr in Form eines Brachjahres beziehungsweise Jubeljahres der Vergebung stammt aus dem Buch Levitikus im Alten Testament.

[242] *Leben vom Bilde aus* versus *Leben vom Wesen aus* stammt aus Bubers *Elemente des Zwischenmenschlichen* von 1936.

[243] Vgl. zum *Metanoia*-Prinzip die systemischen Ausführungen von Günther Ossimitz und Christian Lapp sowie das gleichnamige Buch Siegfried Essens von 2021.

[244] Vgl. dazu das gleichnamige Buch von Hickel, Jason *Weniger ist mehr - Warum der Kapitalismus den Planeten zerstört und wir ohne Wachstum glücklicher sind* von 2022.

[245] Titel des Beitrags von Marianne Gronemeyer in *Weltbild für den Blauen Planeten*, 2021.

[246] Vom *Pseudo-Selbst* spricht Erich Fromm in *Die Furcht vor der Freiheit*, vom *antrainierten Selbst* Hanno Burmester in *Unlearn*.

[247] *Wie man wird, was man ist*, lautet der Untertitel von Friedrich Nietzsches letzter, autobiografischer Schrift *Ecce homo* von 1888. *Werde, der Du bist*, lautete das Motto des Dichters Pindar im alten Griechenland vor etwa 2500 Jahren.

[248] Die Übersetzung vom englischen Originaltext habe ich selbst vorgenommen. Teile des vorangegangenen Abschnitts zur persönlichen Transformation und zum Entlernen bzw. Entwerden lehnen sich an Hanno Burmesters Ausführungen an.

[249] Weitergehende Erörterungen zur Faltung, Einfaltung und Entfaltung finden sich bei Niklaus von Kues, Albert Magnus Kluge und Anders Levermann.

[250] Anders formuliert: Unsicherheiten willkommen zu heißen als Chance, so Natalie Knapp in *Der unendliche Augenblick - Warum Zeiten der Unsicherheit so wertvoll sind*, 2015.

[251] *Mit der Unsicherheit Freundschaft schließen*, hat Natalie Knapp 2013 ein Teilkapitel ihres *Kompass neues Denken* überschrieben.

[252] *Umwege erhöhen die Ortskenntnis* ist ein Roman von Markus Seidel von 1999 betitelt.

Sozialökologische Transformation

[253] Vgl. dazu auch Frédéric Valin: *Pflegeprotokolle*, 2021

[254] Das Konzept der Salutogenese als aktive Gesundheitsförderung, in dem der Kohärenzsinn, also unser körperliches Gespür für Stimmigkeit, und die Stärken- und Ressourcenorientierung die eigene Resilienz erhöht, stammt von Aaron Antonovsky.

[255] *Schatzsuche statt Fehlerfahndung* lautet der Untertitel von Eckhard Schiffers Buch zur Salutogenese. Auch ein Dokumentarfilm über die Lautenbacher Blaskapelle, ein Musikorchester mit behinderten und nicht-behinderten Menschen, ist so betitelt.

[256] Frederic Laloux veröffentlichte 2014 das lesenswerte *Reinventing Organizations*.

[257] Etwa fünfzehntausend Menschen in der Pflege steht bei *Buurtzoorg* eine beispiellos kleine Zentrale in Almelo mit weniger als einhundert Mitarbeitern gegenüber.

[258] „*Das Kohärenzgefühl kann als Fortsetzung des Urvertrauens verstanden werden*", so Eckhard Schiffer in *Wie Gesundheit entsteht*. „*Spiel und Dialog sind grundlegend für das Kohärenzgefühl und damit für die Gesundheit.*"

[259] Pierre Ibisch und Jörg Sommer haben diese Erkenntnis auf S. 150 in ihrem *Ökohumanistischen Manifest* prägnant formuliert: „*Regeln sind die Manifestierung des Müssens, Prinzipien sind die Verwirklichung des Wollens.*"

[260] *Spielerisch-dialogisch* habe ich von Eckhard Schiffer übernommen. Leben organisiert sich selbst, so Natalie Knapp. Emergenz (oder auch Synergetik) bedeutet eben, dass sich im gemeinsamen System neue Eigenschaften oder Strukturen entwickeln, welche mehr beinhalten als die Summe der einzelnen Teile.

[261] Fotoquellen: Hand aus Händen sowie his inner child
(https://stock.adobe.com/de/images/hand-aus-handen/60580474?prev_url=detail
https://stock.adobe.com/de/images/his-inner-child/60646584?prev_url=detail)

[262] *EduAction* heißt ein Buch von Margret Rasfeld und Peter Spiegel von 2012. Vgl. zu möglichen Entwicklungspfaden auch der sozialökologischen Engegamentbildung Margret Rasfelds *FREI DAY - Die Welt verändern lernen! Für eine Schule im Aufbruch* von 2021.

Landebahnen für die Zukunft

[263] Vgl. dazu von Gerald Hüther und Christoph Quarch S. 50 f. in *Rettet das Spiel* von 2016.

[264] Das Zitat von Otto Scharmer habe ich dem Werbetext der 2017er Ausgabe des Buches *Von der Zukunft her führen* von 2014 entnommen.

[265] Zitat aus *Ich und Du* von 1923. Von *Innewerden* und *Vergegenwärtigung* sprach Buber in seinem dialogischen Prinzip. *The Present is the locus of reality* reklamierte George Herbert Mead 1932 in *The philosophy of the present* ähnlich Roger Willemsens Vermächtnis *Wer wir waren* 2016 auf S. 26: „*stehen wir doch vor einem neuen Imperativ, der uns abverlangt, uns zu vergegenwärtigen, im Wortsinn: hier zu sein, in dieser Zeit anzukommen*".

[266] *Von der Bestimmtheit zur Bestimmung* ist eine Formulierung Martin Bubers. Vgl. des weiteren Gilles Deleuzes *Differenz und Wiederholung*, Maurice Merleau-Pontys *Das Sichtbare und das Unsichtbare* und Paul Valerys *Implex* für das Mögliche, aber noch nicht Gelebte, auch bei Berkay Ustun sowie Dietmar Dath und Barbara Kirchner.

[267] José Ortega y Gassets Zitate stammen von S. 227 aus *Was ist Philosophie? Von* 1929.

[268] Die Aspekte des Dialogischen, Emergierenden, Schöpferischen sowie der Selbsttranszendenz arbeitete Otto Scharmer bereits 2001 in seinem Artikel *Self-transcending knowledge - Sensing and Organizing Around Emerging Opportunities* heraus.

[269] Bei Otto Scharmer erfolgt jeder der drei Phasen jeweils in zwei Schritten, so dass sich insgesamt ein Prozessverlauf ergibt: *suspending* (loslassen) und *opening* (sich öffnen), *presence* (vergegenwärtigen) und *sensing* (erspüren), *prototyping* (ausprobieren) und *implementing* (realisieren).

[270] Vgl. dazu Otto Scharmers *Essentials der Theorie U* von 2019, dort S. 36 sowie von Friedrich Glasl als Wegbereiter der U-Prozedur *Das Unternehmen der Zukunft* 1994, S. 67 ff.

[271] Abwandlung von S. 7 aus *Das ökohumanistische Manifest* von Pierre Ibisch und Jörg Sommer aus dem Jahr 2021: „*Eine Verlängerung der Gegenwart hat keine Zukunft mehr.*"

[272] Mit *Kopf, Herz und Hand* überschrieb Otto Scharmer 1994 einen Artikelbeitrag.

[273] Vgl. dazu auch das 2020 von Jörg Metelmann und Harald Welzer herausgegebene *Imagineering - Wie Zukunft gemacht wird* sowie *From what is to what if – Unleashing the power of imagination to create the future we want* von Rob Hopkins von 2019.

[274] Hier ist *Futurepreneur* im übertragenen Sinne gemeint, als Unternehmer und Gestalter des eigenen Lebens, als *Team(intra)preneur* der Wir- und Welt-Gemeinschaft. Übernommen habe ich die Bezeichnungen *Futurepreneur* (und *Zukunftsgestalter*) von Kerstin Heuer vom gleichnamigen Hamburger Verein, der Schul- und Ferienprojekte für Jugendliche organisiert, in denen diese spielerisch lernen, was es heißt, Unternehmer zu sein. Im Kern geht es dabei um die Aktivierung der eigenen Potenzialkräfte und das Entdecken der Selbstverantwortungsfreude.

[275] Aus Fehlern lernt man das Fehlende. „*Das Leben nimmt Gestalt an, indem es eine immer größere Zahl von Fehlern anhäuft*", so Richard Powers 2021 in *Erstaunen* auf S. 220.

[276] Die Implementierung erfolgt nach den Prinzipien des Lean Start-Ups, vgl. dazu Eric Ries, die Ausführungen von Nils Pfläging, David Flemings *Lean Logic*, den *Loop-Approach* von The Dive und Peter Senges et al.: *Die notwendige Revolution*.

[277] Die Einsicht, dass der Wandel sowohl radikal als auch inkrementell erfolgt und darin kein Widerspruch besteht, vertritt Maja Göpel und spricht von *radikalem Inkrementalismus*. Radikal beinhaltet im Wortsinn schließlich an die Wurzel zu gehen und damit nachhaltig zu betrachten und zu verändern. Die Kraft des Inkrementellen im Ansatz der Mikroschritte schildert Caroline Arnold in *Small move, big change - Using microresolutions to transform your life permanently* von 2016.

[278] *Utopien für Realisten – Die Zeit ist reif für die 15-Stunden-Woche, offene Grenzen und das bedingungslose Grundeinkommen*, plädierte Rutger Bregmann 2017.

[279] *Träumer, die handeln* ist eine Bezeichnung für Intrapreneure von Gifford Pinchot.

[280] *Einübung eines anderen Lebens in den Zwischenräumen des Bestehenden* ist ein Zitat von Eva Redecker von S. 72 aus *Schöpfen und Erschöpfen* von 2022. Zur *Philosophie des Als ob* vergleiche das 1911 erschienene Hauptwerk Hans Vaihingers.

[281] Der Theaterregisseur Milo Rau beispielsweise inszenierte 2017 unter dem Titel *General Assembly* das erste Weltparlament mit Stellvertretern auch für Ozeane und für Tiere (Corinne Pelluchon veröffentlichte 2020 ihr *Manifest für die Tiere*). Der Zukunft eine Stimme verleiht auch das *Future Design* aus Japan rund um Professor Tatsuyoshi Saijo mit Praxisexperimenten deliberativer Demokratie, in denen für die Zukunftsgenerationen stimmberechtigte Vertreter bestellt werden. Und last but not least die unmittelbar auf der Theorie U basierende theatrale Transformationskunst des *Social Presencing Theater - The Art of Making a True Move* von Arawana Hayashi von 2021.

Morgen - Entfalten und ausprobieren
Die Zukunft liegt in unseren Händen = richtig im Richtigen

[282] *Der Mensch ist ein Möglichkeitswesen* habe ich übernommen von Siegfried König aus *Verantwortung und Lebenskunst - Brauchen wir eine neue Ethik?* von 2020, dort S. 38.

[283] Inspiriert durch James P. Carse hat Simon Sinek 2019 *Das unendliche Spiel: Strategien für dauerhaften Erfolg* veröffentlicht. *Homo ludens* stammt von Johan Huizinga von 1938.

[284] In Anlehnung an Douglas Hofstadters *Gödel, Escher, Bach - ein Endloses Geflochtenes Band* von 1985 sowie *Ich bin eine seltsame Schleife* von 2008. „Die Begriffe ‚Welt' und ‚eigenes Leben' fremdeln nicht mehr", stammt von Ulrich Beck, *Die Metamorphose der Welt*, S. 17.

[285] Arne Næss sprach erstmals 1972 auf der dritten *World Future Research Conference* in Bukarest über seinen neuen Ansatz der *Ecosophy* (eine Zusammenfassung erschien 1973 in seinem Kurzessay *The Shallow and the Deep, Long-Range Ecology Movements*).

[286] Das Zitat stammt von David Loy von S. 224 aus *Erleuchtung, Evolution, Ethik* von 2015, wo er die Bedeutung des Karmas erläutert: „Der Buddha lehrte, alles willentliche Handeln - mental, sprachlich und körperlich - wirke auf die handelnde Person zurück und werde in dieser Weise zu einer wesentlichen Bedingung ihres zukünftigen Erlebens."

ECO - ökosophische Weltresonanz

[287] In Anlehnung an Hartmut Rosas *Resonanz*, S. 545 ff.. *Transzendentale Obdachlosigkeit* stammt von Georg Lukács, *Entzauberung der Welt* von Max Weber, *Entzauberung des Menschen* von Michael Schmidt-Salomon und *existenzielles Vakuum* von Viktor Frankl.

[288] Das Zitat von Otto Scharmer stammt von S. 25 aus *Essentials der Theorie U* von 2019. Aus den drei Bruchlinien ergeben sich insgesamt vier Felder, zwei individuelle (Selbst und Ich), zwei kollektive (Wir und Welt). Interpretiert man das Wir als kollektives Inneres in Form einer Familien- oder Firmenkultur, ergeben sich so die vier Quadranten der integralen Theorie von Ken Wilber. Die Trennungen durch die Achsen entsprechen den Bruchlinien. Diese Fragmentierungen können überwunden werden durch Individuation (Versöhnung von Selbst und Ich), Kongruenz (Ich und Wir), Konsistenz (Wir und Welt) und Selbsttranszendenz (Ich und Welt). Die Phänomene der Individuation, Kongruenz und Konsistenz haben Dörte Nuhn und ich bereits 2015 auf S. 118 f. in unserem Buch *Unternehmung 21* im Rahmen der Persönlichkeitsentwicklung umschrieben und illustriert.

[289] Vgl. dazu S. 12, 15 sowie 68 von James P. Carses *Endliche und unendliche Spiele*.

[290] Vgl. dazu S. 70 von James P. Carses *Endliche und unendliche Spiele*.

[291] Im *Mann ohne Eigenschaften* gibt Robert Musil dem vierten Romankapitel die Überschrift: *Wenn es Wirklichkeitssinn gibt, muss es auch Möglichkeitssinn geben.*

[292] Den Bezug zwischen *whole* und *holy* verdanke ich Norbert Lönnig.

[293] In Anlehnung an *Die Einsamkeit der Primzahlen* von Paolo Giordano sowie Erich Fromms „Leben ist ein Prozess des Werdens, des Einswerdens und des Ganzwerdens" aus seinem Beitrag *Die Faszination der Gewalt und die Liebe zum Leben*.

²⁹⁴ Bedeutsam ist hier die Notation als Welt-*Gemeinschaft*, nicht Welt-*Gesellschaft*. Gemeinschaften basieren auf innerer Bindung, während Gesellschaften äußerlich zusammengehalten werden. Diese Unterscheidung der Kulturformen von *Gemeinschaft und Gesellschaft* geht auf Ferdinand Tönnies gleichnamiger Schrift von 1887 zurück. Das Buch machte Tönnies zum Mitbegründer der Soziologie, der Wissenschaft von den Gefährten (*socii*) in Deutschland. Knapp ein Jahrhundert zuvor hatte Friedrich von Hardenberg alias Novalis 1799 in Jena in seiner bemerkenswerte Rede *Europa* bereits eine europäische konfessionsübergreifende Friedensgemeinschaft skizziert, die in einer Mischung aus Christentum und Naturphilosophie einen ersten Schritt in Richtung einer universalistischen Weltgemeinschaft geht.

²⁹⁵ Das Zitat stammt von Natalie Knapp, von S. 295 aus ihrem *Kompass neues Denken*.

²⁹⁶ Thomas Gernbauer sprach bereits 2013 in *Die Erwachsene Organisation* vom *wesensgerechten* Arbeiten. In jeder Unternehmung steckt die Selbstgestaltungskraft der menschlichen Gesellschaft. Lars Hochmann erläuterte diese *reflexive Theorie der Transformation* 2021 in *Das Imaginäre der Unternehmung*. Man könnte auch sagen: *Reinventing Society* heißt *Reinventing Organizations* (Frederick Laloux) heißt *Reinventing Humanity* (Thomas Berry). Kollaborative Demokratie (Jascha Rohr) heißt Unternehmensdemokratie heißt demokratisches Selbst (Hubert Hermans). Gesellschaftlicher Dialog heißt organisationaler Dialog heißt dialogisches Selbst (Hermans).

²⁹⁷ Die Zitate von Gerald Hüther von S. 87 sind hier leicht eingekürzt wiedergegeben. Vgl. zum *Fühlen, Denken, Handeln - Wie das Gehirn unser Verhalten steuert*, auch das gleichnamige Buch des Neurowissenschaftlers Gerhard Roth sowie dazu, was wir sind, was uns antreibt, wie veränderbar wir sind, auch sein neues Werk *Über den Menschen*.

²⁹⁸ *Alles Leben ist Yoga*, befand Sri Aurobindo. Die dynamisch-harmonische Balance von Kopf, Herz und Hand nennt Gurdjieff den *Vierten Weg* in Abgrenzung zu einseitiger Meisterschaft jeweils einer der drei. Zur Austarierung der verschiedenen Anteile spricht Gurdjieff von *Kundabuffer*, einem aus *Kundalini* und *Buffering*, also einer speziellen Yogalehre und *Puffer* zusammengesetzten Kunstwort.

²⁹⁹ Fotoquellen: sicherer gerechter Raum Kate Raworth, People in the shape of a heart (https://stock.adobe.com/de/images/people-in-the-shape-of-a-heart/85527341?prev_url=detail)

³⁰⁰ *Utopia* von Thomas Morus erschien 1516.

³⁰¹ Næss selbst entwickelte auch eine ganz persönliche Ökosophie der Einheit in der Vielfalt, die er nach seiner Berghütte Tvergastein, wo er sie entwickelte und niederschrieb, *Ecosophy T* nannte. Næss zufolge sollte ein jeder Mensch seine eigene Ökosophie entwickeln. *Ökosophie der Herzen* habe ich abgewandelt aus Johannes Hartls *Eden Culture – Ökologie des Herzens für ein neues Morgen* von 2021.

³⁰² Das Ich harmonisiert seine drei parallelen Identitäten, seine individuelle, die in der Gruppe und die als Mensch. Das Ich ruht hologrammartig in den drei Identitäten des wahren Selbstseins, des proximalen sozialen Wirs und des kosmoökosophischen Weltbürgers oder auch des eigenen Selbst, des sozialen Selbst und des metaphysischen bzw.

ökologischen Selbst von Arne Næss. Vgl. dazu Joachim Bauers *Fühlen, was die Welt fühlt - Die Bedeutung der Empathie für das Überleben von Menschheit und Natur* von 2020, dort insbesondere S. 136 ff., und die Arbeiten von Hubert Hermans, insbesondere *Society in the Self - A Theory of Identity in Democracy* von 2018.

[303] *Weltresonanz* ist eine Ausdrucksweise von Friedrich Cramer und *Fühlen, was die Welt fühlt* der Titel eines Buches von Joachim Bauer von 2020.

[304] Der Begriff des *evolutionären Humanismus* geht auf Julian Huxley, maßgeblicher Mitgestalter der Allgemeinen Erklärung der Menschenrechte, zurück. Der Begriff des *ökologischen Humanismus*, auch als dritter Weg zwischen Kapitalismus und Sozialismus verstanden, findet sich 1981 im von Wilfried Heidt herausgegebenen Sammelband. Für den evolutionären Humanismus verfasste 2005 Michael Schmidt-Salomon ein Manifest, für den *Ökohumanismus* 2009 Floris van den Berg sowie 2021 Pierre Ibisch und Jörg Sommer. Der Ökohumanismus spiegelt den Donut von Kate Raworth wider, in seinen zwei Grundsätzen der Akzeptanz der ökologischen Grenzen und unserer Rolle als Bestandteil dieses Ökosystems zum einen und dem universellen Menschenrecht auf ein gutes Leben für alle Menschen heute und in den folgenden Generationen zum anderen (S. 103 in *Das Ökohumanistische Manifest* von Ibisch und Sommer). Eine transkulturelle humanistische Weltperspektive skizzierte Michael Schmidt-Salomon in *Hoffnung Mensch* und eine Ökonomie und Politik der Verbundenheit Fabian Scheidler 2021 in *Der Stoff, aus dem wir sind - Warum wir Natur und Gesellschaft neu denken müssen*. Ähnlichkeiten bestehen auch zwischen der Theorie Z bzw. der Ökosophie und der organismischem Welt-Philosophie von Alfred Whitehead bzw. der impliziten Ordnung, die David Bohm darauf aufbauend skizzierte. *Metahuman* stammt von Abraham Maslow und hat somit zunächst nichts mit der Theorie der Metamoderne gemein, die im Kommen ist.

[305] Sowohl Arne Næss als auch Abraham Maslow verweisen dabei auf Baruch de Spinoza, der das Göttliche in der Natur sah und den östlichen Philosophien ähnelte. *Die Transzendenz des Egos* beschäftigte 1939 auch Jean-Paul Sartre.

[306] Zitat von Anders Indset aus *Quantenwirtschaft* von 2019, dort S. 10.

[307] Vgl. dazu *On Transpersonal Ecology* von Warwick Fox, der die Nähe der Tiefenökologie von Arne Næss zur Transpersonalen Psychologie von Abraham Maslow erläutert. Schon 1973 verknüpfte Ernst Friedrich Schumacher Ökonomie und Buddhismus unter dem wunderbaren Titel *Small is Beautiful - Economics as if People Mattered*. Zu Buddhismus und Nachhaltigkeit vgl. Manfred Folkers und Niko Paech in *All you need is less* von 2020. Zu Physik und Transzendenz bzw. Systemtheorie und Taoismus vgl. das von Hans-Peter Dürr 1986 herausgegebene *Physik und Transzendenz* sowie die Werke von Fritjof Capra und Denis Noble. Vgl. zur Bedeutung der Spiritualität auch *Spiritualize* von Jonathan Rowson, *Die innere Stimme - Wie Spiritualität, Freiheit und Gemeinwohl zusammenhängen* von Christian Felber, *Für das Leben! Ohne Warum - Ermutigung zu einer spirituell-ökologischen Revolution* von Joana Macy und Molly Brown sowie schließlich *Zen and the Art of Saving the Planet* von Thich Nhat Hanh aus dem Jahr 2021.

[308] *Das Prinzip Hoffnung* bzw. *Das Prinzip Verantwortung* sind die gleichnamigen Schriften von Ernst Bloch und Hans Jonas.

[309] Das von Friedemann Schulz von Thun vorgestellte Konzept der Regenbogenqualität, die sich aus der Kombination von zwei Komplementärtugenden im Wertequadrat ergeben kann, haben Dörte Nuhn und ich auf S. 121 in *Unternehmung 21 – Wertschöpfung durch Wertschätzung* erläutert. Carl Gustav Jung weiß: *Wer zugleich seinen Schatten und sein Licht wahrnimmt, sieht sich von zwei Seiten, und damit kommt er in die Mitte.*

Vom Gegeneinander über das Miteinander zum Füreinander

[310] Die Zitate von Andreas Weber aus *Lebendigkeit* von 2014, dort S. 45 und 108 f..

[311] *Die Welt existiert nicht, sie ereignet sich* entstammt S. 22 aus der *Symphonie des Lebendigen* von Friedrich Cramer. Vgl. dazu auch die Prozessphilosophie von Alfred Whitehead sowie die Systemtheorie von Niklas Luhmann.

[312] *Wir sind der Wandel* lautet ein Buch von Paul Hawken von 2010. Paul Hawken verantwortet auch das Projekt *Drawdown*, in dem Wissenschaftler die Effizienz bereits existierende Maßnahmen zur Umkehrung der Zerstörung unserer Lebensgrundlagen quantifizieren. Überraschend die effizienteste Einzellösung ist es, die menschinduzierten Kühlvorrichtungen zu reduzieren, von der Klimaanlage bis zum Kühlschrank. Die effizienteste Maßnahmengruppe liegt darin, die Essensverschwendung (1/3 wird weggeworfen) zu reduzieren und pflanzenreich zu essen. Bildung für Frauen und bessere Familienplanung sind das zweiteffizienteste Maßnahmenpaar. Erst die drittteffizienteste Maßnahmengruppen sind die alternative Energiegewinnung aus Windkraft und Solarkraft und der Waldschutz, also der Erhalt tropischer Wälder und das Aufforsten.

[313] Das Füreinander kennzeichnet die reife Phase der Persönlichkeits-, Organisations- und Gesellschaftsentwicklung, die Friedrich Glasl als *Assoziationsphase* oder *makrosoziale Phase* bezeichnete in Verlängerung der *Integrationsphase* seines Mentors Bernard Lievegoed. Die davor liegende *Differenzierungsphase* entspricht den mechanistischen Organisationen der Theorie X, die *Integrationsphase* ähnelt den resonanzsensiblen Organisationen der Theorie Y und die *Assoziationsphase* den zukunftsfähigen Organisationen der Theorie Z. Lievegoed und Glasl wurden dazu inspiriert durch Rudolf Steiners *Philosophie der Freiheit* von 1894 und seine Anthroposophie. Glasl hatte die Charakterisierung der *Assoziation* von Steiner übernommen: eine *assoziative Wirtschaft*.

[314] Zur Befreiung vom Umfang der Arbeit und des Zeitdrucks philosophierten bereits mit Paul Lafargue in Das *Recht auf Faulheit* (1880) ein Schwiegersohn von Karl Marx, Bertrand Russell in *Lob des Müßiggangs* (1935) sowie Gerhard Hirsch alias André Gorz in *Kritik der ökonomischen Vernunft - Sinnfragen am Ende der Arbeitsgesellschaft* (1989). Aktuell haben u.a. Michael Hirsch, James Suzman (mit *Sie nannten es Arbeit*), Gregor Ritsch und David Precht dieses Thema wieder aufgegriffen.

[315] So auch Tobi Rosswog 2018 in *After Work - Radikale Ideen für eine Gesellschaft jenseits der Arbeit - Sinnvoll tätig sein statt sinnlos schuften.*

[316] Vgl. dazu auch Florian Hoffmanns *Die neue Welt* von 2022. Nicht unähnliche generisch-evolutionäre Entwicklungsmodelle und auch Übersichtstabellen finden sich u.a. bei Maslow (*Theory Z*), der mir den Impuls gab, dies auch zu probieren, Graves (*Spiral Dynamics*), Scharmer, dem ich die Kurzformel *Vom EGO zum ECO* verdanke, und Laloux. *Survival of the friendliest* nennt der Anthropologe Brian Hare seine Sichtweise auf die Evolution des Prosozialen unter den Menschen (und *Beans on Toast* 2021 sein

Album). *Survival of the fittest* stammt vom Sozialphilosophen Herbert Spencer von 1864, Charles Darwin übernahm diese Metapher für seinen Fachbegriff der natürlichen Selektion ab 1869.

[317] Der Dreiklang *leben von - leben mit - leben für* ist der 2019 auf Deutsch erschienenen *Ethik der Wertschätzung* von Corine Pelluchon entnommen. Der Psychologie Stefan Ruf skizziert in seinem Buch zur *Klimapsychologie – Atmosphärisches Bewusstsein als Weg aus der Klimakrise* den menschlichen Entwicklungspfad vom rationalen zum integralen Bewusstsein. Vom Mikrokosmos unseres Seeleninnenraums über den Mesokosmos des lokalen Begegnungsraums zum Makrokosmos des globalen Erdenraums. Vom mikrosphärischen über das mesosphärische zum makrosphärischen, atmosphärischen Bewusstsein. Wie Ruf stützt sich auch der Soziologe Fritz Reheis auf Hartmut Rosas Resonanztheorie. In *Die Resonanzstrategie - Warum wir Nachhaltigkeit neu denken müssen* skizziert Reheis die Reflexivität in der Innenwelt, die Reziprozität in der Mitwelt und die Regenerativität in der Umwelt, bei mir: Ich, Wir und Welt.

[318] Vom patriarchalen Androzentrismus zum antispezieistischen Holismus.

[319] Angelehnt an Thomas Bruhns Beitrag *Im Tanz zwischen Selbst und Welt* von 2021.

[320] Andreas Weber hat 2018 ein so betiteltes Werk herausgegeben: *Indigenialität*. Vgl. dazu auch *Anfänge - Eine neue Geschichte der Menschheit* von David Graeber und David Wengrow von 2022.

Fazit - **Vom Haben zum Sein**

[321] Zitat von Niklas Luhmann aus *Ökologische Kommunikation* von 1986, dort S. 246.

[322] Das Zitat ist ein Buchtitel von Ryan Holiday.

[323] Der Schmetterlingseffekt wurde vom Meteorologen Edward N. Lorenz in einem Vortrag 1972 erläutert, seinerzeit noch mit einer Möwe statt eines Schmetterlings.

[324] Zitat von Friedrich Glasl aus *Das Unternehmen der Zukunft* von 1994, dort S. 98.

[325] Vgl. zur Selbstentstörung Petra Bocks *Der entstörte Mensch - Wie wir uns und die Welt verändern. - Warum wir nach dem technischen jetzt den menschlichen Fortschritt brauchen.*

[326] In Anlehnung an Charles Handys 18tem seiner *21 Letters on life and its challenges*.

Danke

[327] *Alles zu Ende denken zu wollen, heißt, nichts Neues beginnen zu können,* ist ein Zitat von Reimar Deibert aus dem TAZ-Artikel *Vater sein mit Behinderung – Das schaffe ich* vom 22.02.2022.

[328] *Das Alphabet des Herzens* ist *Die wahre Geschichte über einen, der sein Herz verlor und sich selbst fand* von James R. Doty.

Literaturverzeichnis

A

Abbott, Edwin A.: *Flächenland – Ein Märchen mit vielerlei Dimensionen*, 1884

Adler, Alfred: *Der Sinn des Lebens*, 1933

Adorno, Theodor W.: *Minima Moralia – Reflexionen aus dem beschädigten Leben*, 1951

Antonovsky, Aaron: *Salutogenese - Zur Entmystifizierung der Gesundheit*, 1997

Arendt, Hannah: *The Human Condition*, 1958 (dt. *Vita activa oder Vom tätigen Leben*, 1960)

Arendt, Hannah: *Die Freiheit, frei zu sein*, 2018 (posthum)

Alderfer, Clayton: *Existence, Relatedness, and Growth - Human Needs in Organizational Settings*, 1972

Anspach, Ralph: *The Billion Dollar Monopoly® Swindle / MONOPOLYGATE*, 1998

Armin, Gabriele von: *Das Leben ist ein vorübergehender Zustand*, 2021

Arnold, Caroline L: *Small move, big change - Using microresolutions to transform your life permanently*, 2016

Arnold, Martin und Fitze, Urs: *Entmenschlicht - Sklaverei im 21. Jahrhundert*, 2022

B

Bataille, Georges: *Der verfemte Teil*, 1949

Bauer, Joachim: *Warum ich fühle, was du fühlst – Intuitive Kommunikation und das Geheimnis der Spiegelneurone*, 2005

Bauer Joachim: *Prinzip Menschlichkeit – Warum wir von Natur aus kooperieren*, 2006

Bauer, Joachim: *Wie wir werden, wer wir sind - Die Entstehung des menschlichen Selbst durch Resonanz*, 2019

Bauer, Joachim: *Fühlen, was die Welt fühlt – Die Bedeutung der Empathie für das Überleben von Menschheit und Natur*, 2020

Baur, Alex: *Unerhört – Esther Vilar und der dressierte Mann*, 2021

Beck, Don E. und Cowan, Christopher: *Spiral Dynamics - Mastering Values, Leadership, and Change*, 1996 (dt.: *Spiral Dynamics – Leadership, Werte und Wandel*. 2007)

Beck, Don E. et al.: *Spiral Dynamics in der Praxis - Der Mastercode der Menschheit*, 2019

Beck, Ulrich: *Gegengifte - Die organisierte Unverantwortlichkeit*, 1988

Beck, Ulrich: *Weltrisikogesellschaft - Auf der Suche nach der verlorenen Sicherheit*, 2007

Beck, Ulrich: *Die Metamorphose der Welt*, 2017

Becker, Ernest: *The Denial of Death*, 1973

Berg, Christian: *Ist Nachhaltigkeit utopisch? - Wie wir Barrieren überwinden und zukunftsfähig handeln*, 2020

Berg, Floris van den: *Philosophy for a better world*, 2013 (niederl. Original 2009)

Berg, Floris van den: *Beter weten - filosofie van het ecohumanisme*, 2015

Bergmann, Frithjof: *On being free*, 1977 (deutsch: *Die Freiheit leben*, 2005)

Bergmann, Frithjof: *Neue Arbeit, neue Kultur*, 2004 (engl.: *New Work New Culture - Work we want and a culture that strengthens us*, 2019)

Berry, Thomas: *The Great Work - Our way into the future*, 1999

Bieri, Peter: *Wie wollen wir leben?*, 2011

Björkman, Tomas: *Die Welt, die wir erschaffen - Von Gott zum Markt*, 2021 (Original 2019)

Björkman, Tomas: *Durchbruch oder Zusammenbruch*, 2021 (S. 83-118 in Andreas Sternowski (Hrsg.): *Weltbild für den Blauen Planeten*)

Bloch, Ernst: *Das Prinzip Hoffnung*, 1954-1959 (drei Bände)

Bloh, Dominik: *Unter Palmen aus Stahl - Die Geschichte eines Straßenjungen*, 2017

Bock, Petra: *Der entstörte Mensch - Wie wir uns und die Welt verändern - Warum wir nach dem technischen jetzt den menschlichen Fortschritt brauchen*, 2020

Bode, Thilo: *Die Diktatur der Konzerne - Wie globale Unternehmen uns schaden und die Demokratie zerstören*, 2018

Bohm, David: *Die implizite Ordnung – Grundlagen eines dynamischen Holismus*, 1985 (Original 1980)

Bohm, David: *Fragmentierung und Ganzheit*, ursprünglich S. 19-50 aus: *Die implizite Ordnung – Grundlagen eines dynamischen Holismus*, 1985, hier S. 263-293 aus: Dürr, Hans-Peter (Hrsg.): *Physik und Transzendenz*, 1986.

Bohm, David: *Der Dialog - Das offene Gespräch am Ende der Diskussionen*, 1998 (Original 1996)

Böll, Heinrich: *Anekdote zur Senkung der Arbeitsmoral*, 1963 (geschrieben für eine Sendung des NDR zum Tag der Arbeit am 1. Mai 1963, aus: Heinrich Böll. Werke. Kölner Ausgabe. Bd. 12. 1959-1963, herausgegeben von Robert C. Conrad © 2008, Verlag Kiepenheuer & Witsch GmbH & Co. KG, Köln)

Boltanski, Luc und Chiapello, Eve: *Der neue Geist des Kapitalismus*, 2003 (frz. Original 1999)

Boltanski, Luc und Esquerre, Arnaud: *Bereicherung – Eine Kritik der Ware*, 2019 (frz. Original 2017)

Bookchin, Murray: *Our synthetic environment*, 1962 (unter dem Pseudonym Lewis Herber)

Bosworth, Steven und Snower, Dennis: *Technological Advance, Social Fragmentation and Welfare*, 2021 (Working Paper)

Bradshaw, Corey; Ehrlich, Paul; Beattie, Andrew; Ceballos, Gerardo; Crist, Eileen; Diamond, Joan; Dirzo, Rodolfo; Ehrlich, Anne; Harte, John; Harte, Mary Ellen; Pyke, Graham; Raven, Peter; Ripple, William; Saltré, Frédérik; Turnbull, Christine; Wackernagel, Mathis und Blumstein, Daniel: *Underestimating the Challenges of Avoiding a Ghastly Future*, 2021 (in: Frontieres in Conversation Science 1)

Brand, Ulrich und Wissen, Markus: *Imperiale Lebensweise – Zur Ausbeutung von Mensch und Natur im globalen Kapitalismus*, 2017

Brandes, Ulf; Gemmer, Pascal; Koschek, Holger und Schültken, Lydia: *Management Y - Agile, Scrum, Design Thinking & Co.: So gelingt der Wandel zur attraktiven und zukunftsfähigen Organisation*, 2014

Brecht, Bertolt: *Die Dreigroschenoper*, 1928

Bregman, Rutger: *Utopien für Realisten – Die Zeit ist reif für die 15-Stunden-Woche, offene Grenzen und das bedingungslose Grundeinkommen*, 2017

Bregman, Rutger: *Im Grunde gut – Eine neue Geschichte der Menschheit*, 2020

Breidenbach, Joana und Rollow, Bettina: *New Work needs Inner Work - Ein Handbuch für Unternehmen auf dem Weg zur Selbstorganisation*, 2019

Breidenbach, Joana: *Innenansicht - Eine Dekade Inner Work und New Work*, 2021

Bridgman, Todd; Cummings, Stephen und Ballard, John A.: *Who built Maslow's pyramid? – A history of the creation of Management studies' most famous symbol and its implications for Management Educations*, 2019 (S. 81-98 in: Academy of Management Learning and Education 18)

Bröckling, Ulrich: *Das unternehmerische Selbst - Soziologie einer Subjektivierungsform*, 2007

Brodbeck, Karl-Heinz: *Die fragwürdigen Grundlagen der Ökonomie – Eine philosophische Kritik der modernen Wirtschaftswissenschaften*, 1998

Broekhuizen, Eric: *De vergeten oplossing - hoe de ecoprijs onze toekomst gaat veranderen*, 2014

Bruhn, Thomas und Böhme, Jessica: *Mehr sein, weniger brauchen - Was Nachhaltigkeit mit unseren Beziehungen zu tun hat*, 2021

Bruhn, Thomas: *Im Tanz zwischen Selbst und Welt*, 2021 (S. 11-56 in Andreas Sternowski (Hrsg.): *Weltbild für den Blauen Planeten*)

Buber, Martin: *Ich und Du*, 1923

Buber, Martin: *Elemente des Zwischenmenschlichen*, 1936.

Buber, Martin: *Das dialogische Prinzip*, 1973 (posthum)

Burger, Sebastian: *Abhilfeverantwortung global agierender Unternehmen – Wie Wirtschaft, Politik und Gesellschaft Globalisierung menschenrechtskonform gestalten können*, 2021

Burmester, Hanno: *Unlearn - A Compass for Radical Transformation*, 2021

C

Cachelin, Joël Luc: *Einhorn-Kapitalismus - Wie die mächtigsten Start-ups der Welt unsere Zukunft bestimmen*, 2019

Capra, Fritjof: *The Tao of Physics*, 1975 (dt. 1977)

Capra, Fritjof: *Lebensnetz - Ein neues Verständnis der lebendigen Welt*, 2015

Capra, Fritjof und Luisi, Pier Luigi: *The systems view of life – a unifying vision*, 2014

Carse, James P.: *Endliche und unendliche Spiele – Die Chancen des Lebens*, 1987

Carlowitz, Hans Carl von: *Sylvicultura oeconomica - Anweisung zur wilden Baum-Zucht*, 1713

Carson, Rachel: *Der stumme Frühling*, 1962

Club of Rome (Hrsg.): *Earth for All - Ein Survivalguide für unseren Planeten - Der neue Bericht an den Club of Rome, 50 Jahre nach »Die Grenzen des Wachstums«*, 2022

Cramer, Friedrich: *Symphonie des Lebendigen - Versuch einer allgemeinen Resonanztheorie*, 1996 (hier zitiert aus der Taschenbuchausgabe von 1998)

Crutzen, Paul J.: *Das Anthropozän - Schlüsseltexte des Nobelpreisträgers für das neue Erdzeitalter*, 2019

D

Drabiniok, Dieter: *Es gibt kein Grundrecht auf unbegrenztes Eigentum – Anregung zur Einführung eines Existenzmaximums*, 2021

Dahm, Daniel: *Benchmark Nachhaltigkeit: Sustainability Zeroline – Das Maß für eine zukunftsfähige Ökonomie*, 2019.

Darwin, Charles: *Über die Entstehung der Arten im Tier- und Pflanzen-Reich durch natürliche Züchtung, oder Erhaltung der vervollkommneten Rassen im Kampfe ums Dasein*, 1860 (engl. Original 1859)

Dath, Dietmar und Kirchner, Barbara: *Der Implex - Sozialer Fortschritt: Geschichte und Idee*, 2012.

Daum, Timo: *Agiler Kapitalismus - Das Leben als Projekt*, 2020

Dawkin, Richard: *Das egoistische Gen*, 1978 (engl. Original von 1976)

Deleuze, Gilles: *Differenz und Wiederholung*, 1992 (frz. Original 1968)

Donner, Susanne: *Endlager Mensch - Wie Schadstoffe unsere Gesundheit belasten*, 2021

Dörre, Klaus, Rosa, Hartmut, Becker, Karina, Bose, Sophie, Seyd, Benjamin (Hrsg.): *Große Transformation? -Zur Zukunft moderner Gesellschaften*, 2019

Doty, James: *Das Alphabet des Herzens – Die wahre Geschichte über einen, der sein Herz verlor und sich selbst fand*, 2017

Dürr, Hans-Peter (Hg.): *Physik und Transzendenz – Die großen Physiker unseres Jahrhunderts über ihre Begegnung mit dem Wunderbaren*, 1986

Dusse, Karsten: *Achtsam morden*, 2019

E

Ehrenberg, Alain: *Das erschöpfte Selbst - Depression und Gesellschaft in der Gegenwart*, 2004 (frz. Original 1998)

Eisenstein, Charles: *Die Renaissance der Menschheit - Über die große Krise unserer Zivilisation und die Geburt eines neuen Zeitalters*, 2012

Eisenstein, Charles: *Ökonomie der Verbundenheit - Wie das Geld die Welt an den Abgrund führte – und sie dennoch jetzt retten kann*, 2013

Eisenstein, Charles: *Die schönere Welt, die unser Herz kennt, ist möglich*, 2014

Eisenstein, Charles: *Klima - Eine neue Perspektive*, 2019

Elias, Norbert: *Über den Prozess der Zivilisation - Soziogenetische und psychogenetische Untersuchungen*, 1939

Elias, Norbert: *Die Gesellschaft der Individuen*, 1939

Elias, Norbert: *Wandlungen der Wir-Ich-Balance*, 1987

Erikson, Erik H.: *Identität und Lebenszyklus – Drei Aufsätze*, 1966

Erikson, Erik H.: *Der vollständige Lebenszyklus*, 1988

Erikson, Erik H./Erikson, Joan M.: *The Life Cycle Completed (Extended Version)*, 1997

Essen, Siegfried: *Metanoia – sich selbst und die Welt neu denken - Eine Anleitung zum Bewusstseinswandel*, 2021.

F

Felber, Christian: *Gemeinwohlökonomie – Das Wirtschaftsmodell der Zukunft*, 2010

Felber, Christian: *Die innere Stimme - Wie Spiritualität, Freiheit und Gemeinwohl zusammenhängen*, 2015

Felber, Christian: *This is not economy – Aufruf zur Revolution der Wirtschaftswissenschaft*, 2019

Felber, Christian: *Die 30 Todsünden der neoklassischen Ökonomik – Oder: „Mankiw, der Mann ohne Leidenschaften"*, 2019

Feuerbach, Ludwig: *Gedanken über Tod und Unsterblichkeit aus den Papieren eines Denkers – nebst einem Anhang theologisch-satirischer Xenien*, 1830

Feuerbach, Ludwig: *Grundsätze der Philosophie der Zukunft*, 1843

Figueres, Christiana und Rivett-Carnac, Tom: *Die Zukunft in unserer Hand – Wie wir die Klimakrise überleben*, 2021

Fischer, Frauke und Oberhansberg, Hilke: *Was hat die Mücke je für uns getan? – Endlich verstehen, was biologische Vielfalt für unser Leben bedeutet*, 2020

Fleming, David: *Lean Logic – A dictionary for the future and how to survive it*, 2016

Foerster, Heinz von und Poerksen, Bernhard: *Wahrheit ist die Erfindung eines Lügners - Gespräche für Skeptiker*, 1998

Folkers, Manfred: *Buddhistische Motive für die Überwindung der Gier-Wirtschaft*, 2020 (S. 29-117 aus: Folkers & Paech: *All you need is less*)

Folkers, Manfred und Paech, Niko: *All you need is less – Eine Kultur des Genug aus ökonomischer und buddhistischer Sicht*, 2020

Förster, Anja und Kreuz, Peter: *Hört auf zu arbeiten! - Eine Anstiftung, das zu tun, was wirklich zählt*, 2013

Förster, Anja und Kreuz, Peter: *Vergeude keine Krise! – 28 rebellische Ideen für Führung, Selbstmanagement und die Zukunft der Arbeit*, 2020

Förster, Jens: *Was das Haben mit dem Sein macht – Die neue Psychologie von Konsum und Verzicht*, 2015

Fox, Warwick: *Toward a Transpersonal Ecology Developing New Foundations for Environmentalism*, 1995

Frank, Gerhard: *Zukunftskönnen - Make your handprint bigger than your footprint – das PUPARIUM-Modell*, 2022

Frankl Viktor: *Ärztliche Seelsorge - Grundlagen der Logotherapie und Existenzanalyse*, 1946

Frankl, Viktor: *... und trotzdem ja zum Leben sagen – Drei Vorträge*, 1946 (Neuauflage 2019 als *Über den Sinn des Lebens*)

Frankl Viktor: *Self-Transcendence as a Human Phenomenon*, 1966 (S. 97-106 in Journal of Humanistic Psychology 6(2))

Frankl, Viktor: *Über den Sinn des Lebens*, © 2019 Beltz Verlag in der Verlagsgruppe Beltz, Weinheim Basel (Neuauflage von ... *und trotzdem ja zum Leben sagen* von 1946)

Freud, Sigmund: *Das Ich und das Es*, 1923

Freud, Sigmund: *Das Unbehagen in der Kultur*, 1930

Fromm, Erich: *Escape from Freedom*, 1941 (dt. *Die Furcht vor der Freiheit*, 1945) (hier aus TB, 1983)

Fromm Erich: *Ihr werdet sein wie Gott – Eine radikale Interpretation des alten Testaments und seiner Tradition*, 1966

Fromm, Erich: *Haben oder Sein – Die seelischen Grundlagen einer neuen Gesellschaft*, 1976

Fromm, Erich: *Vom Haben zum Sein – Wege und Irrwege der Selbsterfahrung*, 1989 (posthum herausgegeben von Rainer Funk)

Frost, Robert: *Mountain Interval*, 1916

G

George, Henry: *Progress and Poverty – An Inquiry into the Cause of Industrial Depressions and of Increase of Want with Increase of Wealth; The Remedy*, 1879 (dt.: *Fortschritt und Armut - Eine Untersuchung über die Ursache der industriellen Krisen und der Zunahme der Armut bei zunehmendem Reichtum*)

Gernbauer, Thomas: *Die Erwachsene Organisation (D.E.O.) – Lösungen für eine konstruktive Arbeitswelt*, 2013

Giddens, Anthony: *Runaway World - How Globalization Is Reshaping Our Lives*, 1999 (im Deutschen: *Entfesselte Welt - Wie Globalisierung unser Leben verändert*, 2001)

Giordano, Paolo: *Die Einsamkeit der Primzahlen*, 2009

Glaserfeld, Ernst von: *Radikaler Konstruktivismus - Ideen, Ergebnisse, Probleme*, 1997

Glasl, Friedrich und Lievegoed, Bernard: *Dynamische Unternehmensentwicklung - Wie Pionierbetriebe und Bürokratien zu schlanken Unternehmen werden*, 1993

Glasl, Friedrich: *Das Unternehmen der Zukunft – Moralische Intuition in der Gestaltung von Organisationen*, 1994

Glaubrecht, Matthias: *Das Ende der Evolution - Der Mensch und die Vernichtung der Arten*, 2019

Global Civil Society: *Reshaping governance for sustainability - Report on the 2030 Agenda and the SDGs*, 2019

Goffman, Erving: *Wir spielen alle Theater - Die Selbstdarstellung im Alltag*, 1969 (Original: 1959)

Goldstein, Kurt: *Der Aufbau des Organismus – Einführung in die Biologie unter besonderer Berücksichtigung der Erfahrungen am kranken Menschen*, 1934

Göpel, Maja: *The Great Mindshift - How a New Economic Paradigm and Sustainability Transformations go Hand in Hand*, 2016

Göpel, Maja: *Unsere Welt neu denken – Eine Einladung*, 2020

Göpel, Maja und Redecker, Eva von: *Schöpfen und Erschöpfen*, 2022 (herausgegeben von Maximilian Haas und Margarita Tsomou)

Göpel, Maja: *Wir können auch anders - Aufbruch in die Welt von morgen*, 2022

Gorz, André: *Der Verräter*, 1958 (Publikationsname, gebürtig Gerhard Hirsch)

Gorz, André: *Kritik der ökonomischen Vernunft - Sinnfragen am Ende der Arbeitsgesellschaft*, 1989

Graeber, David: *Bullshit Jobs - Vom wahren Sinn der Arbeit*, 2018

Graeber, David und Wengrow, David: *Anfänge - Eine neue Geschichte der Menschheit*, 2022

Graves, Clare W.: *Levels of Existence - An Open System Theory of Values*, 1970 (S. 131-155 in: Journal of Humanistic Psychology 10 (2))

Graves, Clare W.: *Human Nature Prepares for a Momentous Leap*, 1974, S. 72-87 in: The Futurist, April.

Graves, Clare W. etal: *Spiral Dynamics - Leadership, Werte und Wandel – Eine Landkarte für das Business, Politik und Gesellschaft im 21. Jahrhundert*, 2007

Gronemeyer, Marianne: *Die Macht der Bedürfnisse – Reflexionen über ein Phantom*, 1988

Gronemeyer, Marianne: *Das Leben als letzte Gelegenheit - Sicherheitsbedürfnisse und Zeitknappheit*, 1993

Gronemeyer, Marianne: *Es gibt nichts Gutes, außer man lässt es*, 2021 (S. 195-216 in Andreas Sternowski (Hrsg.): *Weltbild für den Blauen Planeten*)

H

Habermann, Friederike: *Ecommony: UmCARE zum Miteinander*, 2016

Habermann, Friederike: *ausgetauscht! - Warum gutes Leben für alle tauschlogikfrei sein muss*, 2018

Häring, Norbert: *Endspiel des Kapitalismus – Wie die Konzerne die Macht übernahmen und wie wir sie zurückholen*, 2021

Han, Byung-Chul: *Müdigkeitsgesellschaft. Burnoutgesellschaft. Hoch-Zeit.*, 2016

Han, Byung-Chul: *Palliativgesellschaft - Schmerz heute*, 2020

Handy, Charles: *21 letters on life and its challenges*, 2019

Hanh, Thich Nhat: *Interbeing - Fourteen Guidelines for Engaged Buddhism*, 1987

Hanh, Thich Nhat: *Zen and the Art of Saving the Planet*, 2021

Hanekamp, Tino: *Sowas von da*, 2011

Harari, Yuval Noah: *Eine kurze Geschichte der Menschheit*, 2013

Harari, Yuval Noah: *Homo Deus – Eine Geschichte von Morgen*, 2018

Harari, Yuval Noah: *21 Lektionen für das 21. Jahrhundert*, 2019

Hardenberg, Friedrich von (Novalis): *Europa*, 1799

Hare, Brian: *Survival of the Friendliest - Homo sapiens Evolved via Selection for Prosociality*, 2017 (in Annual Review of Psychology)

Hare, Brian und Woods, Vanessa: *Survival of the Friendliest - Understanding Our Origins and Rediscovering Our Common Humanity*, 2020

Hartl, Johannes: *Eden Culture – Ökologie des Herzens für ein neues Morgen*, 2021

Hartmann, Evi: *Wie viele Sklaven halten Sie? - Über Globalisierung und Moral*, 2016

Hawken, Paul: *Wir sind der Wandel – Warum die Rettung der Erde bereits voll im Gang ist - und kaum einer es bemerkt*, 2010

Hawken, Paul: *Drawdown - der Plan - Wie wir die Erderwärmung umkehren können*, 2019 (Original von 2017)

Hawken, Paul: *Regeneration - Ending the Climate Crisis in One Generation*, 2021

Hayashi, Arawana: *Social Presencing Theater - The Art of Making a True Move*, 2021

Hegel, Georg Wilhelm Friedrich: *Phänomenologie des Geistes*, 1807

Heidegger, Martin: *Sein und Zeit*, 1927

Heidt, Wilfried (Hrsg.): *Abschied vom Wachstumswahn – ökologischer Humanismus als Alternative zur Plünderung des Planeten*, 1981

Helfrich, Silke und Bollier, David: *Frei, fair und lebendig - Die Macht der Commons*, 2019

Hermans, Hubert und Kempen, Harry: *The Dialogical Self - Meaning as Movement*, 1993

Hermans, Hubert und Dimaggio, Giancarlo: *Self, Identity, and Globalization in Times of Uncertainty – A Dialogical Analysis*, 2007 (S. 31-61 in: Review of General Psychology 11(1))

Hermans, Hubert: *Society in the Self - A Theory of Identity in Democracy*, 2018

Hermans, Hubert: *Liberation in the Face of Uncertainty - A New Development in Dialogical Self Theory*, 2022

Heuser-Keßler, Maria-Luise: *Die Produktivität der Natur – Schellings Naturphilosophie und das neue Paradigma der Selbstorganisation in den Naturwissenschaften*, 1986 (ursprüngl. Promotionsschrift von 1981)

Hickel, Jason: *The sustainable development index: Measuring the ecological efficiency of human development in the Anthropocene*, 2020 (in Ecological Economics 167)

Hickel, Jason: *Weniger ist mehr - Warum der Kapitalismus den Planeten zerstört und wir ohne Wachstum glücklicher sind*, 2022 (Original von 2020)

Higgins, Polly: *Eradicating Ecocide - Laws and Governance to Prevent the Destruction of Our Planet*, 2010

Higgins, Polly: *Earth Is Our Business - Changing the Rules of the Game*, 2012

Higgins, Polly: *I Dare you to be Great*, 2014

Hindenburg, Dennis: *Vom Urzustand zum Gesellschaftsvertrag – Eine Theorie der sozialen Gerechtigkeit*, 2022

Hirsch, Michael: *Die Überwindung der Arbeitsgesellschaft - Eine politische Philosophie der Arbeit*, 2016

Hirsch, Michael: *"RICHTIG FALSCH" – Es gibt ein richtiges Leben im Falschen*, 2019

Hirschhausen, Eckart von: *Mensch, Erde! - Wir könnten es so schön haben*, 2021

Hochmann, Lars: *Die Aufhebung der Leblosigkeit – Eine praxis- und naturtheoretische Dekonstruktion des Unternehmerischen*, 2016

Hochmann, Lars; Graupe, Silja; Korbun, Thomas und Schneidewind, Uwe (Hrsg.): *Möglichkeitswissenschaften - Ökonomie mit Möglichkeitssinn*, 2019

Hochmann, Lars: *Das Imaginäre der Unternehmung - Eine reflexive Theorie der Transformation*, 2021

Hoffmann, Florian: *Die Neue Welt - Meine Expeditionen zu den aufregendsten Orten und Menschen, die bereits in der Zukunft angekommen sind*, 2022

Hoffmann, Karsten; Walchner, Gitta und Dudek, Lutz: *24 wahre Geschichten vom Tun und vom Lassen – Gemeinwohl-Ökonomie in der Praxis*, 2021

Hofstadter, Douglas R.: *Gödel, Escher, Bach – ein Endloses Geflochtenes Band*, 1985 (Original 1979)

Hofstadter, Douglas R.: *Ich bin eine seltsame Schleife*, 2008 (Original 2007)

Holiday, Ryan: *Das Hindernis ist der Weg - Mit der Philosophie der Stoiker zum Triumph*, 2017

Honneth, Axel: *Verdinglichung - Eine anerkennungstheoretische Studie*, 2005

Honneth, Axel: *Das Ich im Wir - Studien zur Anerkennungstheorie*, 2013

Hopkins, Rob: *Einfach. Jetzt. Machen! - Wie wir unsere Zukunft selbst in die Hand nehmen*, 2014 (Original 2013)

Hopkins, Rob: *Stell dir vor ... - mit Mut und Fantasie die Welt verändern*, 2021 (Original: *From what is to what if – Unleashing the power of imagination to create the future we want*, 2019)

Huizinga, Johan: *Im Schatten von morgen - Eine Diagnose des kulturellen Leidens unserer Zeit*, 1935

Huizinga, Johan: *Homo Ludens - Versuch einer Bestimmung des Spielelementes der Kultur*, 1938

Hüther, Gerald: *Was wir sind und was wir sein könnten – ein neurobiologischer Mutmacher*, 2011

Hüther, Gerald: *Wie Träume wahr werden: Das Geheimnis der Potenzialentfaltung*, 2018

Hüther, Gerald: *Würde - Was uns stark macht - als Einzelne und als Gesellschaft*, 2019

Hüther, Gerald und Quarch, Christoph Quarch: *Rettet das Spiel – Weil Leben mehr als Funktionieren ist*, 2016

Huxley, Julian: *Die Grundgedanken des evolutionären Humanismus*, 1964 (in: Julian Huxley (Hrsg.): *Der evolutionäre Humanismus. - Zehn Essays über die Leitgedanken und Probleme*)

I

Ibisch, Pierre L. und Sommer, Jörg: *Das ökohumanistische Manifest - Unsere Zukunft in der Natur*, 2021

Illger, Daniel: *Kosmische Angst*, 2021

Illich, Ivan: *Entschulung der Gesellschaft*, 1972

Indset, Anders: *Quantenwirtschaft - Was kommt nach der Digitalisierung?*, 2019

Ironmonger, John: *Das Jahr des Dugong – Eine Geschichte für unsere Zeit*, 2021

J

Jaeggi, Rahel: *Entfremdung - Zur Aktualität eines sozialphilosophischen Problems*, 2005

Jaspers, Karl: *Chiffren der Transzendenz*, 1961 (Abschiedsvorlesungen, erstmalig 1970 veröffentlicht)

Jonas, Hans: *Das Prinzip Verantwortung - Versuch einer Ethik für die technologische Zivilisation*, 1979

Jungk, Robert: *Die Zukunft hat schon begonnen – Entmenschlichung: Gefahr unserer Zivilisation*, 1952

Jürgen, Anna: *Blauvogel*, 1953

K

Kant, Immanuel: *Grundlegung zur Metaphysik der Sitten*, 1785

Kant, Immanuel: *Kritik der Urteilskraft*, 1790

Kaufman, Scott Barry: *Transcend – The new science of self-actualization*, 2020

Kaußen, Stephan: *Wir verhungern mit vollen Mägen - Zeit für einen Ökologischen Humanismus?*, 2020

Kelly, Marjorie: *Owning our future – the emerging ownership revolution*, 2012

Kempton, Beth: *Wabi Sabi – Die japanische Weisheit für ein perfekt unperfektes Leben*, 2019

Kessler, Volker: *Ein Dialog zwischen Managementlehre und alttestamentlicher Theologie - McGregors Theorien X und Y zur Führung im Lichte alttestamentlicher Anthropologie*, 2004

Kierkegaard, Soren: *Die Krankheit zum Tode*, 1949

King, Vera; Gerisch, Benigna und Rosa, Hartmut: *Lost in Perfection - Zur Optimierung von Gesellschaft und Psyche*, 2021

Kishimi, Ichiro und Koga, Fumitake: *Du musst nicht von allen gemocht werden – Vom Mut, sich nicht zu verbiegen*, 2019 (japanisches Original 2013)

Kishimi, Ichiro und Koga, Fumitake: *Du bist genug – Vom Mut, glücklich zu sein*, 2020 (japanisches Originlal 2016)

Klein, Daniel: *Immer wenn ich den Sinn des Lebens gefunden habe, ist er schon wieder woanders - Philosophie für jeden Tag*, 2016 (Original 2015)

Klein, Naomi: *Die Entscheidung: Kapitalismus vs. Klima*, 2015

Klein, Sebastian und Hughes, Ben: *Der Loop-Approach – Wie Du Deine Organisation von innen heraus transformierst*, 2019

Kluge, Albert Magnus: *ich, mein Ich, die Anderen und der Rest der Welt – Die Einfaltung meiner Existenz im Ausdruck meiner Nichtexistenz*, 2021

Knapp, Natalie: *Kompass neues Denken - Wie wir uns in einer unübersichtlichen Welt orientieren können*, 2013

Knapp, Natalie: *Der unendliche Augenblick - Warum Zeiten der Unsicherheit so wertvoll sind*, 2015

Kohlenberger, Judith: *Wir*, 2021

Koltko-Rivera, Mark E.: *Rediscovering the Later Version of Maslow's Hierarchy of Needs - Self-Transcendence and Opportunities for Theory, Research, and Unification*, 2006 (S. 302-317 in: Review of General Psychology 10 (4))

König, Siegfried: *Verantwortung und Lebenskunst – Brauchen wir eine neue Ethik?*, 2020

Kreinin, Halliki und Aigner, Ernest: *From "Decent work and economic growth" to "Sustainable work and economic degrowth": a new framework for SDG 8*, 2022 (S. 281-311 in: Empirica 49)

Kretschmann, Wolfram: *Das durch das Entgegenstehende Unterworfene – Überlegungen zum Selbstbild*, 2020

Krishnamurti, Jiddu: *Die Zukunft ist jetzt – Letzte Gespräche*, 1992 (posthum)

Krishnamurti, Jiddu: *Was machst Du aus Deinem Leben?*, 2021 (posthum)

Kropotkin, Pjotr: *Gegenseitige Hilfe in der Tier- und Menschenwelt)*, 1904 (Original 1902)

Krumm, Rainer und Parstorfer, Benedikt: *Clare W. Graves: Sein Leben, sein Werk – Die Theorie menschlicher Entwicklung*, 2014

Kundera, Milan: *Die unerträgliche Leichtigkeit des Seins*, 1984

Küstenmacher, Marion, Haberer, Tilmann und Küstenmacher, Werner Tiki: *Gott 9.0 – Wohin unsere Gesellschaft spirituell wachsen wird*, 2010

L

Lafargue, Paul: *Das Recht auf Faulheit - Widerlegung des „Rechts auf Arbeit" von 1848*, 1880

Laloux, Frederic: *Reinventing Organizations – Ein Leitfaden zur Gestaltung sinnstiftender Formen der Zusammenarbeit*, 2015 (Original 2014)

Largo, Remo H.: *Das passende Leben - Was unsere Individualität ausmacht und wie wir sie leben können*, 2017

Largo, Remo H.: *Zusammen leben - Das Fit-Prinzip für Gemeinschaft, Gesellschaft und Natur*, 2020

Leky, Mariana: *Was man von hier aus sehen kann*, 2017

Leirich, Lilli: *Von der Lohnarbeit zur Sinnarbeit*, 2021 (S. 35-39 aus: Ostermann et al.: *Zukunftsrepublik*)

Lesch, Harald und Schwartz, Thomas: *Unberechenbar – Das Leben ist mehr als eine Gleichung*, 2020

Lessenich, Stephan: *Neben uns die Sintflut - Die Externalisierungsgesellschaft und ihr Preis*, 2016

Levy, Marc: *Solange du da bist*, 2000

Lievegoed, Bernard: *Organisation im Wandel - Die praktische Führung sozialer Systeme in der Zukunft*, 1974

Lievegoed, Bernard: *Eine Kultur des Herzens - Vorträge, Essays und Interviews*, 1994 (posthum)

Lorenz, Edward N.: *The Essence of Chaos*, 1993

Lovelock, James: *Gaia – A new look on life on earth*, 1979

Lovelock James: *Novozän - Das kommende Zeitalter der Hyperintelligenz*, 2020

Lovelock, James: *Das Gaia-Prinzip - Die Biographie unseres Planeten*, 2021

Loy, David R.: *Lack & Transcendence – The problem of death and life in Psychotherapy, Existentialism, and Buddhism*, 1996 (hier zitiert aus dem Reprint von 2018)

Loy, David R.: *Erleuchtung, Evolution, Ethik – Ein neuer buddhistischer Pfad*, 2015

Luhmann, Niklas: *Soziale Systeme*, 1984

Luhmann, Niklas: *Ökologische Kommunikation - Kann die moderne Gesellschaft sich auf ökologische Gefährdungen einstellen?*, 1986

Luinstra, Silke: *Lebendigkeit entfesseln – Acht Prinzipien für ein neues Arbeiten in Wirtschaft, Bildung und Gesellschaft*, 2021

Lukács, Georg: *Die Verdinglichung und das Bewusstsein des Proletariats, aus seinem Band: Geschichte und Klassenbewusstsein - Studien über marxistische Dialektik*, 1923

Lüpke von, Geseko: *Zukunft entsteht aus Krise – Antworten von Joseph Stiglitz, Vandana Shiva, Wolfgang Sachs, Joanna Macy, Bernard Lietaer..*, 2009

M

Maaz, Hans-Joachim: *Das falsche Leben - Ursachen und Folgen unserer normopathischen Gesellschaft*, 2019

Macy, Joana und Brown, Molly: *Für das Leben! Ohne Warum - Ermutigung zu einer spirituell-ökologischen Revolution*, 2017

Maharaj, Nisaragdatta: *Ich bin*, 1973

Maier, Andreas: *Ich*, 2006 (Frankfurter Poetikvorlesungen)

Maier, Andreas: *Das Zimmer. – Das Haus. – Die Straße. – Der Ort. – Der Kreis. – Die Universität ...*, 2011 ff. (fortlaufende Romanserie unter dem Programmnamen *Ortsumgehung*)

Marcuse, Ludwig: *Der eindimensionale Mensch – Studien zur Ideologie der fortgeschrittenen Industriegesellschaft, 1967 (amerikan. Original 1964)*

Marquard, Odo: *Endlichkeitsphilosophisches - Über das Altern*, 2013

Marx, Karl: *Zur Kritik der Hegelschen Rechtsphilosophie*, 1843

Marx, Karl: *Ökonomisch-philosophische (Pariser) Manuskripte*, 1844

Marx, Karl: *Zur Kritik der politischen Ökonomie*, 1859

Marx, Karl: *Das Kapital*, 1867

Maslow, Abraham: *A Theory of Human Motivation*, 1943 in: Psychological Review 50 (4), S. 370-396.

Maslow, Abraham: *Motivation and personality*,1954; überarbeitet 1970, (*Motivation und Persönlichkeit*, 1977)

Maslow, Abraham: *Comments on Dr. Frankl's Paper*, Journal of Humanistic Psychology 6(2), S. 107-112, 1966.

Maslow, Abraham: *Various Meanings of Transcendence*, 1969 (S. 56-66 in Journal of Transpersonal Psychology 1(1) - hier zitiert aus: Maslow 1971, S. 259-269)

Maslow, Abraham: *Theory Z*, 1969 (S. 31-47 in Journal of Transpersonal Psychology 1 (2) -hier zitiert aus: Maslow 1971, S. 270-286).

Maslow, Abraham: *The Farther Reaches of Human Nature*, 1971 (Posthum)

Max-Neef, Manfred: *From the outside looking in - Experiences in Barefoot Economics*, 1982

McDermind, Charles: *How money motivates men*, 1960 (in: Business Horizons)

McGregor, Douglas: *The Human Side of Enterprise*, 1960 (dt. *Der Mensch im Unternehmen*, 1970)

Mead, George Herbert: *The Philosophy of the present*, 1932

Meadows, Dennis, Meadows Donella,et al.: *Die Grenzen des Wachstums – Bericht des Club of Rome zur Lage der Menschheit*, 1972

Meadows, Dennis, Meadows, Donella und Randers, Jørgen: *Die neuen Grenzen des Wachstums*, 1992/1993.

Meadows, Dennis, Meadows, Donella und Randers, Jørgen: *Grenzen des Wachstums – Das 30-Jahre-Update: Signal zum Kurswechsel*, 2011

Merleau-Ponty, Maurice: *Das Sichtbare und das Unsichtbare*, 1994 (frz. Original 1964)

Metelmann, Jörg und Welzer, Harald (Hrsg.): *Imagineering - Wie Zukunft gemacht wird*, 2020

Metzinger, Thomas: *Der Ego-Tunnel – Eine neue Philosophie des Selbst: Von der Hirnforschung zur Bewusstseinsethik*, 2009

Miller, Alice: *Das Drama des begabten Kindes (und die Suche nach dem wahren Selbst)*, 1979

Mogi, Ken: *Ikigai - Die japanische Lebenskunst*, 2018

Moore Lappé, Frances: *EcoMind - Changing the way we think, to create the world we want*, 2011

Morus, Thomas: *Utopia*, 1516 (Originaltitel: *Von der besten Verfassung des Staates und von der neuen Insel Utopia - Ein wahrhaft goldenes Büchlein, nicht minder heilsam als unterhaltsam*)

Mumford, Lewis: *Mythos der Maschine - Kultur, Technik und Macht*, 1974 (Original 1967/70)

Musil, Robert: *Der Mann ohne Eigenschaften*, 1930

N

Næss, Arne: *The Shallow and the Deep, Long-Range Ecology Movements - A Summary*, Inquiry 16, S. 95-100, 1973

Næss, Arne: *Die Zukunft in unseren Händen - Eine tiefenökologische Philosophie*, 2013 (Herausgeber David Rothenberg - Original *Økologi, samfunn og livsstil - Ökologie, Gesellschaft und Lebensstil*, 1976)

Næss, Arne: *Self-Realization - An Ecological Approach to Being in the World*, The Trumpeter 4 (3), S. 35-42, 1987

Nancy, Jean-Luc: *Singulär plural sein*, 2005

Nancy, Jean-Luc: *Der Sinn der Welt*, 2014

Nassehi, Armin: *Unbehagen - Theorie der überforderten Gesellschaft*, 2021

Neumann, Achim: *Der Fall SCHLECKER – Über Knausern, Knüppeln und Kontrollen sowie den Kampf um Respekt & Würde - die Insider-Story*, 2012

Nietzsche, Friedrich: *Also sprach Zarathustra - Ein Buch für Alle und Keinen*, 1883-1885 (4 Teile)

Nietzsche, Friedrich: *Jenseits von Gut und Böse – Vorspiel einer Philosophie der Zukunft*, 1886

Nietzsche, Friedrich: *Ecce homo – Wie man wird, was man ist*, 1888

Noble, Denis: *The Music of Life - Biology beyond genes*, 2006

Noble, Denis: *Dance to the Tune of Life - Biological Relativity*, 2016

Nieuwenhuizen, Thorsten und Nuhn, Dörte: *Unternehmung 21 – Wertschöpfung durch Wertschätzung*, 2015

Nussbaum, Martha: *Gerechtigkeit oder Das gute Leben*, 1998

Nussbaum, Martha: *Fähigkeiten schaffen - Neue Wege zur Verbesserung menschlicher Lebensqualität*, 2015

Nussbaum, Martha: *Kosmopolitismus - Revision eines Ideals*, 2020

O

O'Connor, Flannery: *Wise Blood*, 1952 (deutsch: *Die Weisheit des Blutes*, 1982)

Ortega y Gasset José: *Was ist Philosophie?*, 1929 (span. Original, dt. Übersetzung 1962, hier aus der Ausgabe von 1967 zitiert)

Ossimitz, Günther und Lapp, Christian: *Das Metanoia-Prinzip - Eine Einführung in systemisches Denken und Handeln*, 2006

Ostaseski, Frank: *Die fünf Einladungen - Was wir vom Tod lernen können, um erfüllt zu leben*, 2017

Ostermann, Marie-Christine; Willers, Celine Flores; Wohlfahrt, Miriam; Krauss, Daniel; Rickert, Andreas und Schwiezer, Hauke (Hg.): *Zukunftsrepublik – 80 Vorausdenker*innen springen in das Jahr 2030*, 2021

P

Paech, Niko: *Befreiung vom Überfluss - Auf dem Weg in die Postwachstumsökonomie*, 2012

Paech, Niko: *Suffizienz als Antithese zur modernen Wachstumsorientierung*, 2020, S. 119-215 aus: Folkers & Paech: *All you need is less*.

Parsons, Talcott: *The Structure of Social Action*, 1937

Parsons, Talcott: *The Social System*, 1951

Passmann, Sophie: *Komplett Gänsehaut*, 2021

Pelluchon, Corine: *Ethik der Wertschätzung - Tugenden für eine ungewisse Welt*, 2019 (im frz. Original 2018)

Pelluchon, Corine: *Manifest für die Tiere*, 2020

Pelluchon, Corine: *Das Zeitalter des Lebendigen - Eine neue Philosophie der Aufklärung*, 2021

Pestalozzi, Johann Heinrich: *Wie Gertrud ihre Kinder lehrt (Pädagogische Methoden): Ein Versuch den Müttern Anleitung zu geben, ihre Kinder selbst zu unterrichten*, 1820

Pfläging, Niels: *Organisation für Komplexität – Wie Arbeit wieder lebendig wird – und Höchstleistung entsteht*, 2014

Picket, Kate und Wilkinson, Richard: *The Spirit Level - Why Equality is Better for Everyone*, 2009

Pigout, Arthur C.: *The Economics of Welfare*, 1920

Pilon, Mary: *The Monopolists – Obsession, Fury, and the Scandal Behind the World's Favorite Board Game*, 2015

Pinchot, Elizabeth und Pinchot, Gifford III: *Intra-Corporate Entrepreneurship*, 1978

Pinchot, Gifford III: *Intrapreneuring – Why You Don't Have to Leave the Corporation to Become an Entrepreneur*, 1985

Poet, Humble the (alias Mahl, Kanwer): *Unlearn - 101 Simple Truths for a Better Life*, 2019

Polanyi, Karl: *The Great Transformation - The political and economic origins of our time*, 1944

Poledjan, Katerina: *Zukunftsmusik*, 2022

Ponthus, Joseph: *Am laufenden Band - Aufzeichnungen aus der Fabrik*, 2021 (frz. Original 2019)

Powers, Richard: *Erstaunen*, 2021

Precht, Richard David: *Wer bin ich - und wenn ja, wie viele? – Eine philosophische Reise*, 2007

Precht, Richard David: *Freiheit für alle - Das Ende der Arbeit wie wir sie kannten*, 2022

R

Rasfeld, Margret und Spiegel, Peter: *EduAction – Wir machen Schule*, 2012

Rasfeld, Margret: *FREI DAY - Die Welt verändern lernen! Für eine Schule im Aufbruch*, 2021

Rau, Milo: *Das geschichtliche Gefühl – Wege zu einem globalen Realismus*, 2019

Rawls, John: *Eine Theorie der Gerechtigkeit*, 1979 (im Original: *A Theory of Justice*, 1971)

Raworth, Kate: *A safe and just space for humanity – Can we live within the Doughnut?*, 2012 (Oxfam Discussion Paper)

Raworth, Kate: *Die Donut-Ökonomie - Endlich ein Wirtschaftsmodell, das den Planeten nicht zerstört*, 2018

Reckwitz, Andreas: *Die Gesellschaft der Singularitäten - Zum Strukturwandel der Moderne*, 2017

Reckwitz, Andreas: *Das Ende der Illusionen - Politik, Ökonomie und Kultur in der Spätmoderne*, 2019

Redecker, Eva von: *Revolution für das Leben - Philosophie der neuen Protestformen*, 2020

Reed, Pamela: *Toward a nursing theory of self-transcendence – deductive reformulation using developmental theories*, in: Advances in Nursing Science, 13(4), S. 64-77, 1991

Reed, Pamela: *Self-Transcendence and Mental Health in Oldest-Old Adults*, in: Nursing research 40, S. 5-11, 1991

Reheis, Fritz: *Die Resonanzstrategie - Warum wir Nachhaltigkeit neu denken müssen*, 2019

Reinhard, Rebekka: *Die Sinn-Diät – Warum wir schon alles haben, was wir brauchen - Philosophische Rezepte für ein erfülltes Leben*, 2009

Reinhard, Rebekka: *Wach denken - Für einen zeitgemäßen Vernunftgebrauch*, 2020

Ries, Eric: *Lean Startup - Schnell, risikolos und erfolgreich Unternehmen gründen*, 2014 (Original 2011)

Ritschel, Gregor: *Freie Zeit - Eine politische Idee von der Antike bis zur Digitalisierung*, 2021

Rockström, Johan; Will, Steffen; Noone, Kevin; Schellnhuber, Hans Joachim; Crutzen, Paul; Foley, Jonathan et al.: *A safe operating space for humanity*, Nature 461, S. 472–475, 2009.

Rohr, Jascha: *In unserer Macht - Aufbruch in die Kollaborative Demokratie*, 2013

Rosa, Hartmut: *Beschleunigung - Die Veränderung der Zeitstrukturen in der Moderne*, 2005

Rosa, Hartmut: *Resonanz - Eine Soziologie der Weltbeziehung*, © Suhrkamp Verlag Berlin 2016, 2019 (hier zitiert aus der 2019er-Auflage)

Rosa, Hartmut: *Unverfügbarkeit*, 2018

Rosa, Hartmut: *„Spirituelle Abhängigkeitserklärung" – Die Idee des Mediopassiv als Ausgangspunkt einer radikalen Transformation*, 2019 (S. 35 – 55 in Dörre, Rosa et al: *Große Transformation?*)

Rossmann, Dirk: *Der neunte Arm des Oktopus*, 2020

Rosswog, Tobi: *After Work - Radikale Ideen für eine Gesellschaft jenseits der Arbeit - Sinnvoll tätig sein statt sinnlos schuften*, 2018

Roth, Florian: *Es gibt kein richtiges Leben im falschen*, 2002 (Vortrag an der Münchener Volkshochschule, Manuskript im Internet verfügbar)

Roth, Gerhard: *Fühlen, Denken, Handeln - Wie das Gehirn unser Verhalten steuert*, 2001

Roth, Gerhard: *Über den Menschen*, 2021

Rousseau, Jean-Jacques: *Abhandlung über den Ursprung und die Grundlagen der Ungleichheit unter den Menschen*, 1755

Rowson, Jonathan: *Spiritualise – Wie spirituelle Sensibilität helfen kann, den Herausforderungen des 21. Jahrhunderts zu begegnen*, 2018 (herausgegeben von *Das Progressive Zentrum*, im engl. Original bereits 2014 sowie 2017 erschienen)

Ruf, Stefan: *Klimapsychologie – Atmosphärisches Bewusstsein als Weg aus der Klimakrise*, 2019

Russell, Bertrand: *Lob des Müßiggangs*, 1935

S

Safier, David: *Mieses Karma*, 2008

Safran Foer, Jonathan: *Wir sind das Klima! - Wie wir unseren Planeten schon beim Frühstück retten können*, 2019

Saijo, Tatsuyoshi: *Future Design - concept for a ministry of the future*, Working Paper, 2015

Samjatin, Jewgeni: *Wir*, 1920

Sartre, Jean-Paul: *Die Transzendenz des Egos*, 1939

Schalansky, Judith: *Der Hals der Giraffe – Bildungsroman*, 2011

Schapp, Wilhelm: *In Geschichten verstrickt - Zum Sein von Mensch und Ding*, 1953

Scharmer, Claus Otto: *Kopf, Herz und Hand - Die Anforderungen eines zukunftsfähigen Wohlstandsmodells an die Universitäten*, 1994 (S. 51-54 in: Politische Ökologie 39)

Scharmer, Claus Otto: *Reflexive Modernisierung des Kapitalismus als Revolution von innen – auf der Suche nach Infrastrukturen für eine lernende Gesellschaft; dialogische Neugründung von Wissenschaft, Wirtschaft und Politik*, 1995

Scharmer, Claus Otto: *Self-transcending knowledge - Sensing and Organizing Around Emerging Opportunities*, 2001 (in: Journal of Knowledge Management sowie in der Anthologie Managing Industrial Knowledge)

Scharmer, Claus Otto: *Theory U – Presencing als soziale Technik*, 2009 (Original 2007)

Scharmer, Claus Otto; Käufer, Katrin: *Von der Zukunft her führen – Von der Egosystem zur Ökosystem-Wirtschaft. Theorie U in der Praxis*, 2014 und 2017 (Original 2013)

Scharmer, Claus Otto: *Essentials der Theorie U – Grundprinzipien und Anwendungen*, 2019 (Original 2018)

Schätzing, Frank: *Was, wenn wir einfach die Welt retten? - Handeln in der Klimakrise*, 2021

Scheidler, Fabian: *Das Ende der Megamaschine - Geschichte einer scheiternden Zivilisation*, 2015

Scheidler, Fabian: *Der Stoff, aus dem wir sind - Warum wir Natur und Gesellschaft neu denken müssen*, 2021

Schelling, Friedrich Wilhelm Joseph: *Erster Entwurf eines Systems der Naturphilosophie*, 1799

Schelling, Friedrich Wilhelm Joseph: *System des transzendentalen Idealismus*, 1800

Schellnhuber, Hans Joachim: Diktatur des Jetzt, 2011 (S. 28-29 in Spiegel 12)

Schiffer, Eckhart: *Wie Gesundheit entsteht - Salutogenese: Schatzsuche statt Fehlerfahndung*, 2001, 2013

Schiller, Friedrich: *Briefe über die ästhetische Erziehung des Menschen*, 1795

Schirrmacher, Frank: *Ego – Das Spiel des Lebens*, 2013

Schmidt-Salomon, Michael: *Manifest des Evolutionären Humanismus – Plädoyer für eine zeitgemäße Leitkultur*, 2005

Schmidt-Salomon, Michael: *Hoffnung Mensch - Eine bessere Welt ist möglich*, 2014

Schmidt-Salomon, Michael: *Entspannt euch! - Eine Philosophie der Gelassenheit*, 2019

Schnell, Tatjana: *Psychologie des Lebenssinns*, 2016

Schneidewind, Uwe: *Die Große Transformation - Eine Einführung in die Kunst gesellschaftlichen Wandels*, 2018

Schulz von Thun, Friedemann: *Miteinander reden 3 – Das 'innere Team' und situationsgerechte Kommunikation*, 1998

Schulz von Thun, Friedemann: *Erfülltes Leben - Ein kleines Modell für eine große Idee*, 2021

Schumacher, Ernst Friedrich: *Small is Beautiful - (A Study of) Economics as if People Mattered*, 1973

Schumacher, Ernst Friedrich: *Good Work*, 1979

Seddon, John: *Freedom from Command and Control - A Better Way to Make the Work Work*, 2003

Seddon, John et al.: *Beyond Command and Control*, 2019

Sedláček, Tomáš: *Die Ökonomie von Gut und Böse*, 2013

Sedláček, Tomáš und Graeber, David: *Revolution oder Evolution - Das Ende des Kapitalismus?*, 2015

Seidel, Markus: *Umwege erhöhen die Ortskenntnis*, 1999

Semler, Ricardo: *Das SEMCO System - Management ohne Manager*, 1993

Sen, Amartya: *Commodities and Capabilities*, 1987

Senarclens de Grancy, Moritz: *Der heißeste Wunsch der Menschheit*, 2021

Senge, Peter M.; Scharmer, Claus Otto; Jaworski, Joseph und Flowers, Betty Sue: *Presence – Exploring Profound Change in People, Organizations, and Society*, 2004

Senge, Peter M.; Smith, Bryan; Kruschwitz, Nina; Laur, Joe und Schley, Sara: *Die notwendige Revolution – Wie Individuen und Organisationen zusammenarbeiten, um eine nachhaltige Welt zu schaffen*, 2011

Shakespeare, William: *Wie es euch gefällt*, 1600

Shiller, Robert J.: *Narrative Wirtschaft: Wie Geschichten die Wirtschaft beeinflussen - ein revolutionärer Erklärungsansatz*, 2020

Sieben, Daniel: *Qualitativer Bewusstseins- und Verhaltenswandel im Kontext einer nachhaltigen Entwicklung und ökologischen Ökonomik*, 2007

Sieben, Daniel: *Ganz Mensch sein – Wie wir die Schein-Nachhaltigkeit überwinden – ein Transformationsleitbild*, 2021

Simmel, Georg: *Philosophie des Geldes*, 1900

Simmel, Georg: *Lebensanschauung – vier metaphysische Kapitel*, 1918

Sinclair, Upton: *The Jungle*, 1906

Sinek, Simon: *Das unendliche Spiel - Strategien für dauerhaften Erfolg*, 2019

Sommer, Bernd und Welzer, Harald: *Transformationsdesign - Wege in eine zukunftsfähige Moderne*, 2014

Spencer, Herbert: *Die Prinzipien der Biologie*, 1876 (im Original 1864)

Spiegel, Peter; Pechstein, Arndt; Ternès von Hattburg, Anabel und Grüneberg, Annekathrin (Hrsg.): *Future Skills - 30 Zukunftsentscheidende Kompetenzen und wie wir sie lernen können*, 2021

Steffens, Dirk und Habekuss, Fritz: *Über Leben - Zukunftsfrage Artensterben: Wie wir die Ökokrise überwinden*, 2020

Steiner, Rudolf: *Die Philosophie der Freiheit - Grundzüge einer modernen Weltanschauung – Seelische Beobachtungsresultate nach naturwissenschaftlicher Methode*, 1894

Sternowski, Andreas (Hrsg.): *Weltbild für den Blauen Planeten – Auf der Suche nach einem neuen Verständnis unserer Welt*, 2021

Suzman, James: *Sie nannten es Arbeit - Eine andere Geschichte der Menschheit*, 2021

T

Taylor, Frederick: *Shop Management*, 1903 (*Die Betriebsleitung insbesondere der Werkstätten*)

Taylor, Frederick: *The Principles of Scientific Management*, 1911 (*Die Grundsätze wissenschaftlicher Betriebsführung*)

Teller, Janne: *Nichts – Was im Leben wichtig ist*, 2010 (dänisches Original 2000)

Thoreau, Henry David: *Walden; or, Life in the Woods*, 1854 (dt. 1905)

Thunberg, Greta: *Ich will, dass ihr in Panik geratet! - Meine Reden zum Klimaschutz*, 2019

Thunberg, Greta: *Das Klima-Buch*, 2022

Tolle, Eckhart: *Jetzt! – Die Kraft der Gegenwart*, 2000 (hier aus der Sonderausgabe von 2013)

Tolle, Eckhart: *Eine neue Erde - Bewusstseinssprung anstelle von Selbstzerstörung*, 2005

Tolstoi, Lew N.: *Der Tod des Iwan Iljitsch*, 1886

Tomasello, Michael: *Mensch werden - Eine Theorie der Ontogenese*, 2020

Tönnies, Ferdinand: *Gemeinschaft und Gesellschaft*, 1887

Tornstam, Lars: *Gerotranscendence – A Developmental Theory of Positive Aging*, 2005

U

Ulrich, Rüdiger: *Nähe und Gemeinsinn - Plädoyer für eine Ökonomie der Liebe*, 2019

Ungersma Aaron J.: *The Search For Meaning*, 1961

United Nations (UN): *The Future is now – Science for achieving Sustainable Development*, 2019 (Global Sustainable Development Report)

Ustun, Berkay: *Paul Valéry's implex, or that by which we remain contingent, conditional*, 2019 (S. 623-644 in: Neohelicon 46)

V

Vaihinger, Hans: *Die Philosophie des Als Ob – System der theoretischen, praktischen und religiösen Fiktionen der Menschheit auf Grund eines idealistischen Positivismus*, 1911

Valin, Frédéric: *Pflegeprotokolle*, 2021

Varela, Francisco J., Maturana, Humberto R. und Uribe, R.: *Autopoiesis – The organization of living systems, its characterization and a model*, 1974 (S. 187–196 in: Biosystems 5)

Varela, Francisco J.: Organism: A meshwork of selfless selves, 1991 (S. 79-107 in: Tauber (Hrsg.): Organism and the Origin of Self)

Vilar, Esther: *Die Dressur des Mannes*, 1971

Vilar, Esther: *Die Lust an der Unfreiheit – Erläuterungen zur Theorie des Genitivismus*, 1971

Vilar, Esther: *Die Erziehung der Engel – Wie lebenswert wäre das ewige Leben?*, 1992

Vohra, Karn; Vodonos, Alina; Schwartz, Joel; Marais, Eloise A.; Sulprizio, Melissa P. und Mickley, Loretta J.:*Global mortality from outdoor fine particle pollution generated by fossil fuel combustion: Results from GEOS-Chem*, 2021 (in Environmental Research 195)

W

Wackernagel, Mathis und Beyers, Bert: *Footprint – Die Welt neu vermessen*, 2016 (siehe auch Global Footprint Network: https://www.footprintnetwork.org)

Wagenhofer, Erwin, Kriechbau, Sabine und Stern, André: *alphabet - Angst oder Liebe*, 2013

Wagner, Richard: *Die Revolution*, 1849

Wagner, Richard: *Die Kunst und die Revolution*, 1849

Wagner, Richard: *Das Kunstwerk der Zukunft*, 1850

Wahl, Daniel Christian: *Designing Regenerative Cultures*, 2016

Walser, Martin: *Ein fliehendes Pferd*, 1978

Ware, Bronnie: *5 Dinge, die Sterbende am meisten bereuen - Einsichten, die Ihr Leben verändern werden*, 2015

Weber, Andreas: *Lebendigkeit - Eine erotische Ökologie*, 2014

Weber, Andreas: *Enlivenment. Eine Kultur des Lebens - Versuch einer Poetik für das Anthropozän*, 2016

Weber, Andreas: *Sein und Teilen - Eine Praxis schöpferischer Existenz*, 2017

Weber, Andreas: *Indigenialität*, 2018

Weber, Max: *Die protestantische Ethik und der Geist des Kapitalismus*, 1904/5

Welzer, Harald: *Alles könnte anders sein - Eine Gesellschaftsutopie für freie Menschen*, 2019

Welzer, Harald: *Nachruf auf mich selbst. - Die Kultur des Aufhörens*, 2021

Wernadski, Wladimir: *Biosfera*, 1926 (Biosphäre, im russischen Original)

Wernadski, Wladimir: *Der wissenschaftliche Gedanke als planetare Erscheinung*, 1937 (im russischen Original)

Werner, Götz: *Grundeinkommen für alle*, 2007 (überarbeitete Version 2018)

Whitehead, Alfred North: *Process and Reality – An Essay in Cosmology*, 1929 (dt. Übersetzung 1979)

Wilber, Ken: *A Theory of Everything – An Integral Vision for Business, Politics, Science and Spirituality*, 2000

Will, Steffen; Broadgate, Wendy; Deutsch, Lisa; Gaffney, Owen und Ludwig, Cornelia: *The trajectory of the Anthropocene: The Great Acceleration*, 2015 (S. 81-98 in The Anthropocene Review 2 (1))

Willemsen, Roger: *Wer wir waren – Zukunftsrede*, 2016 (hier aus der Taschenbuchausgabe 2018)

Windels, Steve: *Intrinsische Nachhaltigkeit – Persönlichkeitsentwicklung als Kernprozess für die Herausbildung eines nachhaltigen Bewusstseinsschwerpunktes*, 2020

Winnicott, Donald: *Ego Distortion in Terms of True and False Self*, 1960

Wolff, Kurt H.: *Soziologie in der gefährdeten Welt - Zur Rehabilitierung des Individuums*, 1998

Wood, Lindsay – *Rethinking growth*, 2020, (https://pureadvantage.org/rethinking-growth-part-one/)

Y

Young, Edward: *The Complaint, or Night Thoughts on Life, Death and Immortality*, 1745 (dt. als *Eduard Youngs Nachtgedanken*, 1825)

Z

Zeiler, Waldemar mit Höftmann Ciobotaru, Katharina: *Unfuck the Economy – Eine neue Wirtschaft und ein besseres Leben für alle*, 2020

Zeuch, Andreas: *Alle Macht für niemand - Aufbruch der Unternehmensdemokraten*, 2015

Zobel, Franziska Viviane: *Stell dir vor, die Zukunft wird wundervoll und du bist schuld daran - Ein Praxisbuch für mehr Nachhaltigkeit im Alltag*, 2019

Zorn, Fritz: *Mars*, 1977 (Pseudonym von Fritz Angst)

Zum Autor

Thorsten Nieuwenhuizen ist studierter Wirtschaftsmathematiker und promovierte im Bereich Logistik an der Universität Hamburg. Er war bereits als Führungskraft in einem Handelskonzern, Studiengangsleiter für Risikomanagement, Professor für Organisationstheorie, Coach und Transformationsberater tätig. Zusammen mit Dörte Nuhn veröffentlichte er 2015 das Buch *Unternehmung 21 – Wertschöpfung durch Wertschätzung*.

Gesellschaftlichen Wandel lernen

Um nachfolgenden Generationen eine lebenswerte Zukunft zu ermöglichen, müssen wir lernen, umweltgerecht zu leben. Der promovierte Naturwissenschaftler und Philosoph Gerhard Frank beschreibt auf wissenschaftlicher Grundlage den Ort, an dem wir neue Vorstellungen entwickeln lernen und so unser Zusammenleben verändern können.

G. Frank

Zukunftskönnen
Make your handprint bigger than your footprint – das PUPARIUM-Modell
256 Seiten, Broschur, 29 Euro
ISBN 978-3-96238-383-1
Auch als E-Book erhältlich

Ökologische Herausforderungen meistern

Um ökologische Herausforderungen zu meistern, reicht es nicht zu fragen: »Was soll sich verändern?« Ebenso wichtig ist, wie wir Veränderungen tatsächlich realisieren können. Damit rücken die Erfolgsfaktoren für gesellschaftlichen Wandel in den Vordergrund. Kora Kristof stellt zentrale Erfolgsfaktoren und konkrete Wege zu einer erfolgreichen Transformation vor – für Politik, Zivilgesellschaft und wissenschaftliche Politikberatung.

K. Kristof

Wie Transformation gelingt
Erfolgsfaktoren für den gesellschaftlichen Wandel
216 Seiten, Broschur, 26 Euro
ISBN 978-3-96238-132-5
Auch als E-Book erhältlich

DIE GUTEN SEITEN DER ZUKUNFT

Psychische Ressourcen für nachhaltige Lebensstile

»Wie können wir lernen, weniger zu wollen, ohne uns dabei – etwa durch Verlusterfahrungen – schlecht zu fühlen?« Dieser Leitfrage folgend, identifiziert der Psychologieprofessor Marcel Hunecke sechs psychische Ressourcen für nachhaltige Lebensstile: Achtsamkeit, Genussfähigkeit, Selbstakzeptanz, Selbstwirksamkeit, Sinnkonstruktion und Solidarität.

M. Hunecke
Psychologie der Nachhaltigkeit
Vom Nachhaltigkeitsmarketing zur sozial-ökologischen Transformation
272 Seiten, Broschur, 29 Euro
ISBN 978-3-96238-359-6
Auch als E-Book erhältlich

Was brauchen wir wirklich?

Stefanie Spessart-Evers engagierte sich früh für den Ansatz der Tiefenökologie: Leben ehren, Verletzungen heilen, verbunden handeln aus Liebe zum Leben. Daraus und aus anderen Elementen entwickelte sie den Erfahrungsweg dieses Buches.

S. Spessart-Evers
Klimawandel – Bewusstseinswandel
Eine Einladung
352 Seiten, Broschur, 24 Euro
ISBN 978-3-96238-316-9
Auch als E-Book erhältlich

DIE GUTEN SEITEN DER ZUKUNFT

Datum   Ort   Name